AF367037

Dios en América

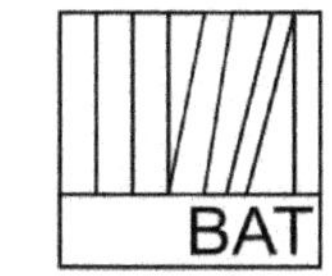

Biblioteca Andreu Teixidor

Carlos Cañeque
Dios en América

Una aproximación al conservadurismo
político-religioso en los Estados Unidos

Prólogo de Gonzalo Puente Ojea

© Carlos Cañeque
© Para el prólogo Gonzalo Puente Ojea
© Para esta edición Bubok Publishing S.L., 2009

1ª Edición
ISBN: 978-84-9916-172-3
DL: PM 1511-2009
Impreso en España / *Printed in Spain*
Impreso por Bubok

A mis padres

*Ninguna otra nación de la Tierra ha sido bendecida por la omni-
potencia de Dios como el pueblo de los Estados Unidos de América,
pero estamos dando esto por hecho durante demasiados años.*

JERRY FALWELL

Índice

PRÓLOGO

El conservadurismo de carácter político-religioso en los EE.UU. de América constituye tema de honda significación para los hombres de nuestro mundo, sin límites o fronteras. Así, el interesante estudio que nos ofrece el profesor Carlos Cañeque resulta de gran oportunidad e importancia. No sólo por el hecho patente del peso de la presencia de *lo americano* en nuestra vida cultural, política, social y económica, sino también por el singular significado de los valores —o disvalores— que el *American way of life* representa para el destino del hombre occidental —como precursor directo y copartícipe de esos factores axiológicos— y para los proyectos civilizadores de las diversas sociedades no accidentales que pueblan hoy nuestro planeta y que van integrándose paulatinamente en el concierto mundial.

No obstante, en esta apreciación liminar y necesaria conviene introducir las indispensables matizaciones a fin de evitar una recepción acrítica y abstracta del mensaje que los movimientos de la nueva derecha americana vehiculan y proyectan hacia los demás pueblos especialmente integrados en el área de su influencia.

Comencemos por indicar que los dos vectores ideológicos básicos de los sucesivos discursos conservadores de la derecha americana están representados por la concepción *individualista-privatista* de la existencia humana y por la afirmación tendencialmente *fundamentalista* del legado bíblico. No se trata, en la consideración de ambos momentos configuradores del alma americana, de nuevos elementos confluyentes, entre otros, en el cauce de la pluralidad ideológica que ha operado y sigue operando en la vida colectiva de los americanos con la garantía del discurso legitimador de la Constitución. Por el contrario, ambos momentos corresponden a la definición esencial del proyecto nacional de aquel pueblo, desde su arranque en el marco de las tradiciones libertarias del protestantismo europeo en sus versiones radicales o simplemente progresistas. Forman, pues, parte constitutiva de los *mitos fundadores* de los EE.UU. y actúan como motor del discurso ideológico de la Declaración de Independencia. El horizonte teleológico de la doctrina que anima el código constitucional americano es la *felicidad* del individuo y el respeto a su propia identidad como sujeto individual y privado. Pero este hedonismo, o ideal felicitario, aparece radicalmente mediatizado por la idea de un destino personal trascendente que se anuncia en el *Kerygma* bíblico como palabra de Dios que convoca a una vida de *ascesis* individual para realizar la tarea de la propia salvación transmundana.

Como se revela por sí mismo, este discurso legitimador que subyace a los mitos de origen de la sociedad americana viene a mediatizar dos órdenes de postulados que se encuentran *per se* en una tensión dialéctica nunca definitivamente resuelta. Hegel se mostró ya particularmente sensible, y hasta personalmente fascinado, ante las dificultades de una peculiar *Aufhebung* que debería cumplir la sociedad americana en virtud de su propio destino en la dinámica de la historia universal. Los ideales de la sociedad civil frente a los poderes públicos del credo liberal traducían el sueño de la libertad acrisolado en las corrientes de la Reforma que lo habían asumido con mayor rigor y consecuencia, tanto en el campo luterano como en el calvinista. La herencia de los *Pilgrim fathers* sería el recio soporte del proceso de articulación ideológica del nuevo pueblo mesiánico que abandonaba las riberas de Europa para erigir en ultramar aquello que en el viejo continente había quedado comprometido o anulado en las nuevas formas del Estado —confesionales o no.

El *radicalismo privatiztista* se presenta ya en las colonias de Nueva Inglaterra, predominantemente puritana, como un reto de optimismo frente a la antropología eminentemente pesimista anclada en la perspectiva de la idea de la *predestinación* individual a un transmundo respecto del cual la aquendidad era sólo la fase testimonial y confirmativa de la elección sobrenatural. El ideal hedonista de la *felicidad* individual alimentaba un discurso notoriamente *naturalista* de tonalidad rousseauniana. El ideal ético derivado de la creencia puritana en la *predestinación* a un cosmos trascendente nutría un discurso *religioso* de tinte agustiniano. Ambas instancias modelaban en el orden práctico, en difícil y precario equilibrio, una forma de vida de índole pequeñoburguesa, pero con acentos intensamente ruralistas —como aún sucede en amplios sectores de la sociedad americana de hoy. Pero la sociedad civil configurada como mito político quedaba así tejida por el entramado de dos hilos de colorido contrastante, haciendo que el contraste se formalizase psicológicamente en la permanente agonía dialéctica del espíritu americano. La deriva *pragmatista* del pensamiento de aquel pueblo puede tener mucho que ver con ese sentimiento agónico jamás superado en el *hombre nuevo de la frontera*, forjador de un nuevo mundo como empresa y como empeño conformadores del destino personal. El *pragmatismo* delata la resolución de no entregarse a ninguna crispación teorética que pudiera exacerbar la antinomia de ideales igualmente irrenunciables, tanto para los emigrantes del siglo XVII como para sus actuales herederos.

Esta tensión dialéctica, que podríamos denominar *fundacional,* cobró manifestaciones múltiples, y a veces asombrosas, en el curso histórico de aquel país, pero vinculadas todas ellas, de uno u otro modo, a la disyunción latente entre el *hedonismo naturalista* y el *fundamentalismo predestinacionista* —o bien, de manera atenuada para otras confesiones o denominaciones religiosas, *providencialista.* No debe extrañar, entonces, que los EE.UU. hayan sido y sigan siendo, de una parte, la sociedad en la que la recepción ideológica del *modernismo* como movimiento bíblico y teológico europeo revistiera formas eminentemente ligadas a la *praxis* social y religiosa, modelando esos brotes heréticos en lo que ha venido a conocerse en los medios eclesiales como *americanismo,* movimiento de escaso calado teológico, pero con una fuerte impronta en la moral individual y colectiva y en los *mores* cristianos. *Y,* de otra parte, la sociedad en la que se suscitó una reacción de mayor radicalidad y anacronismo bajo la etiqueta del *fundamentalismo* bíblico y del *integrismo* doctrinal. ¿Qué es, entonces, lo que define la figura totalizante del pueblo americano? ¿Una actitud mental conservadora o reaccionaria de tipo pasadista, o bien una vocación innovadora, pragmática y progresista?... Es evidente que ningún pueblo alcanza la transparencia, consigo mismo y frente a los demás, de una definición unívoca, o al menos coherente, por lo que la pregunta puede parecer simplista. Pero procede formularla para *curar de espanto,* si se me permite la expresión, a los buhoneros y mercachifles del *American way of life* que circulan por doquier, con la falsa arrogancia de los menestrales de toda ralea en los pagos de nuestro viejo mundo.

En los EE.UU. se presencian, en ocasiones sólo yuxtapuestas y sin mediación alguna, desde las más audaces e iconoclastas pautas de vida social e individual —donde priman la *innovation* y la *productivity*—, hasta las más reaccionarias e intolerantes. Se genera así una invencible perplejidad ante el antagonismo de ideas y creencias que ofrece el espectáculo cotidiano de la existencia americana. Al lado de actitudes y posiciones de un tradicionalismo radical, que ya sólo aparecen hoy en el entorno político-religioso de los EE.UU., de las que se ocupa con lucidez el autor de este libro, emerge a su vez el extenso panorama de toda suerte de nuevas formas de vida exentas de cualquier prejuicio heredado y con insospechadas modalidades de experimentación social y material, de inventiva cultural y científica. El *positivismo* y su actitud ante la vida, con sus correspondientes comportamientos éticos, tiñen todos los niveles y espacios de la práctica individual y colectiva de los americanos. Sólo se valora positivamente la funcionalidad operativa de los hombres y sus instrumentos, y así florece desde la psicología conductista y el pragmatismo filosófico hasta el darwinismo social y la sociología cuantitativa, sin olvidar todas las formas imaginables del *social engineering*.

Esta abigarrada fenomenología vital de los americanos sólo encontrará una comprensión adecuada, siquiera sea mediante sutiles mediaciones del análisis interpretativo, a la luz de los mitos fundadores. Sólo desde ellos resulta posible, todavía hoy, hallar la pista conductora hacia la intelegibilidad de los síndromes que determinan o condicionan la conducta de los americanos. El profesor C. Cañeque, con método necesariamente prolijo y fatigoso, va espigando y desgranando con paciencia franciscana el recurrente estribillo del nativismo, el fundamentalismo y el integrismo según han ido manifestándose en el quehacer histórico del pueblo americano en el espacio de aquellos mitos recibidos; un quehacer siempre zarandeado entre un pragmatismo de signo triunfalista, y abierto a todos los vientos de la innovación, y un tradicionalismo fundamentalista ergotizante y retardatario. La relativa debilidad intelectual del pueblo americano en el campo del pensamiento y la especulación radica, en considerable medida, en el lastre que arrastra la utopía de sus mitos de origen. Por ello, el movimiento neoconservador de la América de hoy sólo puede alcanzar un cierto grado de inteligibilidad desde la atalaya de la historia, dentro del marco ideológico en que nace el alma nacional de aquel país. Este libro generosamente informativo nos brinda una descripción de los avatares, desde sus primeras manifestaciones, de la nueva derecha americana en su vertiente político-religiosa. Debemos agradecer a su autor los esfuerzos que ha desplegado para brindarnos esta excelente síntesis.

Gonzalo Puente Ojea

INTRODUCCIÓN

El presente trabajo pretende desarrollar algunos de los temas relacionados con el conservadurismo político-religioso en los Estados Unidos y con ese peculiar concepto romántico de una nación bendecida o apadrinada por Dios.

La historia americana es también la historia de un grupo mayoritariamente anglosajón y protestante que se ha visto amenazado por sucesivas minorías frente a las que ha ido edificando distintas formas de auto legitimación político-religiosa. Los grupos étnicos que componen la sociedad americana han significado y siguen significando, con mayor o menor claridad, estratos distinguibles de la escala social. Esta mayoría protestante y anglosajona siempre se ha sentido propietaria de su nación. Por ello ha llegado frecuentemente a la irracionalidad del prejuicio o a la absurda asunción que supone el autoidentificarse con esa égida monista y conservadora del nuevo reino de la cristiandad.

Frente al mundo moderno, frente al progreso plural y cosmopolita, este discurso paranoico conservador ha ido denunciando e interrelacionando a ilustrados, masones, judíos, católicos, progresistas, comunistas, homosexuales y feministas desde el plano moralizante y puritano que emerge de una lectura unidireccional y prejuiciada del texto bíblico.

Todo esto estaba ya contenido en la imagen de un televangelista que apareció gritando y anunciando el fin del mundo en una de las primeras pantallas de televisión que yo conecté durante mi estancia de casi tres años en la Universidad de

Yale. Atribuí a la deficiencia de mi inglés aquellas palabras enloquecidas que hablaban de la presencia del demonio en todos nuestros hogares, de la necesidad del arrepentimiento y de los donativos que debíamos mandar a una cuenta bancaria del programa televisivo.

Juan Linz, a quien debo agradecer incontables sugerencias y ayudas, me convenció de que aquellas imágenes no correspondían a la segunda parte de la película *Sangre sabia* de John Huston, sino que pertenecían a un programa religioso de alguna de las organizaciones que durante las veinticuatro horas del día emiten su programación a lo largo y ancho del país. Yo, que siempre había visto las prácticas religiosas dentro del silencioso, solemne y ritualizado marco del catolicismo, no podía entender cómo se podía hablar de Dios y a la vez improvisar dejándose llevar por ese éxtasis frenético que siempre relacioné con la macumba y otros sincretismos salvajes.

Más adelante, el historiador Sydney Ahlstrom, autor de la más completa historia de la religión americana, me recomendó una bibliografía que me serviría para adentrarme en algunos de los antecedentes claves de este fenómeno que pronto aprendí a llamar la Nueva Derecha Cristiana.

La Nueva Derecha Cristiana (a la que dedico el tercer capítulo de este trabajo) tiene distintos antecedentes. Unos pueden encontrarse en los movimientos conservadores y nativistas de los que pretendo dar cuenta en el segundo capítulo. Otro lo constituye el fundamentalismo americano y su especial proclamación conservadora, inicialmente teológica y posteriormente política y social, de la que trata el capítulo primero. El apéndice es más difícil de justificar. A primera vista, Niebuhr no puede considerarse un conservador, ya que fue un liberal religioso con algún período proclive al marxismo.

Sin embargo, desde la época en que estudió teología en la Universidad de Yale, fue marcado por unas influencias políticas y religiosas que llenarían sus obras de un recurrente moralismo precursor de sus últimas posiciones conservadoras y anticomunistas. Niebuhr es, en cualquier caso, un contraejemplo religioso-liberal que va a influir mucho en la política exterior que su país va a llevar a cabo tanto en gobiernos demócratas como republicanos.

El fundamentalismo define el marco ideológico del nacionalismo religioso de la Nueva Derecha Cristiana. Nacido a finales de siglo, es un movimiento esencialmente religioso que progresivamente se irá politizando hacia un conservadurismo que niega obsesivamente las aportaciones científicas del darwinismo, así como todas las formas culturales del mundo moderno que la Nueva Derecha Cristiana terminará llamando bajo el calificativo de «humanismo secular».

Los fundamentalistas son los primeros en asociar la nación americana con una especie de vieja Israel o tierra prometida que cumplirá el papel protagonista en las últimas escenografías apocalípticas del mundo. El fundamentalismo tiene precedentes y paralelos socio-culturales entre tradiciones conservadoras americañas como el puritanismo, el evangelismo conservador, el milenarismo, etc. La diferencia entre el fundamentalismo y estas tradiciones conservadoras estriba en que éste llega a un nivel de identificación con la Biblia y a una oposición militante al modernismo que aquéllos nunca alcanzaron. Sin embargo, esta cerrazón hacia el texto bíblico no significa que los fundamentalistas constituyeran un movimiento antiintelectual. De hecho, en la amalgama diversa de sus feudos, nos encontramos a figuras tan sorprendentes como la de Machen, que había intentado, no sin algo de ingenio, casar las viejas verdades de la Biblia con las jóvenes certezas de la nueva ciencia. Los fundamentalistas veían la guerra civil americana como una confrontación moral en la que habían salido victoriosas las fuerzas del Bien. Desde entonces, el destino de su nación coincidía con un dios cada vez más americano. El modernismo, por otra parte, se había aliado con las huestes del diablo, convirtiéndose en un mal que había que combatir y destruir.

En las escuelas públicas se comenzaban a difundir extrañas teorías que, negando la concepción creacionista del Génesis, abogaban por una explicación evolucionista del hombre que le convertía en descendiente directo del simio. Los fundamentalistas veían en la enseñanza el flanco clave para salvaguardar una tradición educativa que habían estado dominando desde siempre. Por ello, la amenaza del evolucionismo en las escuelas públicas tenía una carga simbólica que se proyectaba dramáticamente hacia el futuro generacional de una sociedad ya de por sí cambiante.

Los institutos bíblicos y los *college* eran las instituciones más importantes con que contaban los conservadores protestantes fundamentalistas. En los institutos bíblicos se organizaban actos culturales y conferencias con esa predeterminación o pretexto del libro sagrado como trasfondo. En los *college* se impartían clases con libros de texto como el de McGuffey, en el que se censuraban abiertamente los vicios del mundo moderno y se ensalzaban los valores de la civilización cristiana.

La idea de Europa como portadora del modernismo aumentaba la función compensatoria de la idea de América como agente más importante del reino de la cristiandad. El debate entre el evolucionismo y el creacionismo se estaba transformando en un debate entre Europa y América, entre la razón y la fe o entre la corrupción y la tradición. Los premilenaristas postulaban que Cristo volvería antes del reino del milenio, mientras que los posmilenaristas creían que su regreso se produciría después de que el reino estuviera ya establecido. Estas dos concepciones, entre las que se va a ver también el fundamentalismo, significaban dos formas diametralmente opuestas de entender el papel socio-cultural de las iglesias. Mientras los premilenaristas adoptaron posturas más bien pasivas sobre lo que cabía esperar, los posmilenaristas hacían recaer en la sociedad y en el ser humano todo el peso activo de sus esperanzas. Había que preparar, según ellos, el camino hacia la llegada de Cristo. Posmilenaristas como Warfield insistían en que el reino sería precedido por una especie de edad de oro espiritual en la que los hombres prepararían la llegada de Dios.

En 1910 se comenzaron a publicar doce volúmenes que, editados por un millonario del petróleo, recibieron el nombre de *Fundamentales*. En estos volúmenes se incluían un gran número de artículos sobre temas teológicos en los que no se hacía ninguna referencia a las cuestiones de índole política. El carácter empresarial de Lyman Stewart hizo que *Los Fundamentales* trascendieran rápidamente de un reducido grupo de teólogos, pastores protestantes y profesores, y que calaran en algunos sectores importantes de la sociedad americana. *Los Fundamentales* inspiraron y definieron el fundamentalismo. Sin embargo, con el tiempo, éste ya apenas se parecía a aquéllos. El fundamentalismo, al organizar sus estrategias contra el modernismo, fue comprendiendo que no sólo en la teología estaban las aspiraciones de los buenos cristianos, y que frente a las maquinaciones del diablo había que responder con estratégicas posturas políticas.

Además de los premilenaristas y de los posmilenaristas, algunos fundamentalistas como Gaebelein veían en los acontecimientos de la Primera Guerra Mundial signos inequívocos de una escatología venidera. La Primera Guerra Mundial es el detonante que hace tomar posturas políticas definidas a los distintos grupos fundamentalistas. Antes de la guerra, el fundamentalismo se había limitado a las cuestiones éticas y teológicas que habían motivado la compilación de *Los Fundamentales*. Después de la guerra se perfilarán las causas y enemigos comunes que van a dar consistencia política al fundamentalismo. Fundamentalistas como Billy Sunday declaraban tras el conflicto que cristianismo y patriotismo eran términos tan sinónimos como los de infierno y traición. En este contexto posbélico, el darwinismo y su difusión en la enseñanza se convierten en un símbolo cultural que trasciende las universidades y los seminarios de teología para crear un debate popular a nivel nacional. Muchas de las revistas fundamentalistas como *The Christian Herald,* que habían mantenido un pacifismo explícito, van a dejar de existir, mientras que otras como *The King's Business,* llegarán a propugnar un antigermanismo que les hará relacionar el Káiser con el Anticristo. También de forma gradual el fantasma del comunismo va a ir apareciendo entre los grupos fundamentalistas.

Contra la amenaza del modernismo y del comunismo, los fundamentalistas recordarán que América había sido fundada por progenitores morales y clamarán por la concienciación nacional en busca de un idílico estado rural tan inocente como anacrónico. A partir de 1922, el antievolucionismo y el anticomunismo llegan a ser dos nuevas banderas en muchas áreas rurales. Con el tiempo, los fundamentalistas canalizarán estas dos cruzadas impregnándolas de un peculiar fatalismo religioso, consiguiendo irradiar, a través de unos medios de comunicación cada vez más influyentes, un mensaje de temor y paranoia.

En el segundo capítulo se intentan analizar los grupos nativistas más sobresalientes de la historia americana. Su nativismo está determinado por muchas de las figuras míticas y religiosas que influyeron en el fundamentalismo. La idea de una nación fundada desde lo moral y profanada por una serie de forasteros es tratada ahora en un plano sociológico que pretende dar cuenta de la procedencia social y geográfica de sus adeptos. El sello puritano y fundamentalista que adoptan frecuentemente los nativistas se ha manifestado en la historia, americana en organizaciones moralistas, benéficas, antialcohólicas, antiesclavistas, etc. En el lado de lo político, estas organizaciones estarán siempre en contra, explícita o implícitamente, de los portadores del secularismo en general o de grupos como los iluministas, masones, judíos, católicos o comunistas. Cuando estas organizaciones practiquen la violencia, como en el caso del Ku Klux Klan, desorientarán a la gran comunidad conservadora, la cual, no apoyando tales actividades, apuntará hacia un pacífico nativismo cultural y democrático.

Muchas de estas organizaciones nativistas o moralistas estaban, sin embargo, lejos del racismo. La guerra civil y el abolicionismo, de hecho, eran para muchos protestantes dos cuestiones de tipo moral. En el período que va desde el fin de la guerra civil hasta el comienzo de la Primera Guerra Mundial, las cruzadas protestantes se lanzaron a una de las ofensivas más agresivas en contra de una comunidad católica que por entonces iba llegando en sucesivas olas migratorias. El propio asesinato de Lincoln se había atribuido a la misma conspiración católica que ahora quería hacerse con el poder del partido demócrata. Algunas organizaciones como la Asociación

Protectora Americana o los Know Nothings habían acusado al papa de estar organizando un «exterminio de todos los herejes americanos». La idea de un máximo mandatario en Roma, del que dependían las almas de muchos católicos americanos, reforzaba el prejuicio conspirador y extranjero.

La guerra de Corea y el macartismo contribuyeron a crear en los cincuenta una atmósfera que conducía a popularizar la paranoia del comunismo a nivel nacional. Esta amenaza para la nación no sería desaprovechada por los grupos conservadores fundamentalistas, que desarrollaron sorprendentes teorías en su contra. En 1956, sin embargo, todo parecía indicar que el monismo protestante estaba empezando a languider, ya que se iniciaba la andadura triunfal de Kennedy como candidato a la presidencia.

En el capítulo tercero se intenta dar cuenta de la Nueva Derecha Cristiana de finales de los setenta y principios de los ochenta. Se trata de un grupo de organizaciones fundamentalistas entre las que destacan The Christian Voice, The Religious Roundtable y, sobre todo, The Moral Majority. El discurso de la Nueva Derecha Cristiana implica la fusión de la Nueva Derecha Americana (ésta, castigada en la década de los sesenta por los movimientos juveniles y de liberación, reaparece organizativamente en los setenta) con el ala más conservadora del protestantismo americano que primordialmente hay que buscar entre las sectas fundamentalistas, y muy especialmente bautistas. La intersección de intereses que se produce entre la Nueva Derecha Cristiana y la Nueva Derecha Secular radica en la estratégica insistencia de ambas en los temas sociales en menoscabo de los asuntos teológicos, en el caso de los primeros, y económicos y de defensa en el caso de los segundos.

Estas organizaciones, que mantienen estructuras y cuadros semejantes a los de un partido político, tienen importantes redes de televisión a lo largo del país. Jerry Falwell, máximo líder de la Moral Majority, emite diariamente su programa *The Old Time Gospel Hour,* en el que ofrece, como tantos otros programas religiosos, una variedad compuesta por actuaciones musicales y discursos que tratan de los problemas religiosos, sociales y políticos que acucian al país. La Nueva Derecha Cristiana ha sintetizado los antiguos temores del fundamentalismo por el modernismo en lo que ahora llama «humanismo secular». Éste incluye lo que ellos consideran amenazas del mundo moderno y que son, sobre todo, la homosexualidad, el feminismo, la pornografía, las drogas y la educación sexual en las escuelas públicas.

La Nueva Derecha Cristiana legítima sus proclamaciones desde el mismo plano teológico que lo habían hecho los fundamentalistas. Para Jerry Falwell, los Estados Unidos están siendo atacados interna y externamente por un plan diabólico que podría conducir a la aniquilación nacional. Esto entra en cruenta lucha con la voluntad de Dios, que confirió a la nación un estatuto que la situaba por encima de las demás naciones a modo de la antigua Israel. Exotismo de la figura del profeta que se filtra en el cuadro secular de millones de pantallas de televisión.

La televisión religiosa americana se complementa a la perfección con la idea apostólica de predicar la Biblia, siendo capaz, como nunca, de llegar a millones de hogares. El protestantismo, por otra parte, dibuja una morfología centrífuga en contraposición a la católica, que tiende a ser centrípeta, lo que explica en gran medida que la iglesia eléctrica sea un fenómeno esencialmente protestante. De otro lado, la televisión religiosa ha uniformado el discurso plural de las iglesias locales, creando un repetitivo formato en el que se gira cada vez más en torno al espectáculo.

Las reacciones que se han producido desde la campaña de 1980 cubren un ámbito social de amplio espectro. No solamente los sectores liberales y progresistas se han mostrado decididamente contrarios a las proclamaciones de la Nueva Derecha Cristiana, sino que frecuentemente la gran mayoría de sectas protestantes y las comunidades católica y judía han manifestado su disconformidad. Intelectuales como Peter Berger señalaban el peligro que supone asociar una posición política con la voluntad de Dios.

Capítulo 1

DE LA LUCHA CONTRA EL MODERNISMO A LA LEGITIMACIÓN POLÍTICO-RELIGIOSA: EL FUNDAMENTALISMO

En el presente capítulo queremos adentramos en la problemática religiosa, política y cultural que encierra tras de sí el fundamentalismo americano. Si bien hay que decir que el fundamentalismo es originalmente un movimiento puramente religioso, sus connotaciones culturales y políticas saltan a la vista nada más empezar a hablar de él. Los cristianos evangélicos que sobresalen como precursores del movimiento tenían una fe muy profunda en la Biblia, y a ésta se aferraron de forma obsesiva ante las amenazas secularizantes del modernismo. La Biblia, por lo tanto, como referencia única de salvación, se convirtió en fetiche tipográfico y llave sobrenatural hacia el conocimiento, la virtud y la vida eterna. De esta forma, los fundamentalistas americanos de finales del siglo XIX y principios del siglo XX consideraban que cualquier filosofía, doctrina teológica o social que no tuviera en cuenta tal preponderancia unilateral del texto sagrado conducía inexorablemente hacia las cavidades del infierno.

Para los fundamentalistas, como veremos, tanto el modernismo como la teoría de la evolución constituían evidentes signos temporales del fin de la humanidad y de la civilización cristiana. América, defensora de la cristiandad y de la democracia, detractora del alcoholismo y de la esclavitud: éste es el sueño o proyecto fundamentalista que había que realizar en el Nuevo Mundo.

Miembros de los institutos bíblicos como James M. Gray o William Jennings Bryan declaraban escandalizados: «El modernismo es una amenaza para nuestra civilización y no puede haber paz sin victoria. Un lado o el otro tiene que ganar.»[1]

Los fundamentalistas eran evangelistas cristianos próximos a las tradiciones del auge religioso puritano del siglo XIX, que en el siglo XX se opusieron con extraño vigor y, no sin algo de maniqueísmo, al modernismo, tanto en su vertiente teológica como en la cultural.

Las conexiones con el milenarismo de finales del siglo XIX, que se desarrollaron especialmente en los llamados «institutos bíblicos», son otros de los distintos precedentes que hay que contemplar. En tales institutos se practicaban, con mayor o menor nivel intelectual, interpretaciones y profecías bíblicas en las que la «civilización americana» ocupaba generalmente un papel importante. El fundamentalismo, visto en su conjunto y sin tener en cuenta cierta sistematicidad de alguno de sus miembros, no constituye una ideología coherente. En este sentido, nos encontraremos con posiciones muy distintas entre miembros que nadie dudaría en calificar de fundamentalistas.

Durante las últimas décadas del siglo XIX, ningún protestante americano dudaba de que América fuera una nación cristiana. La guerra civil era interpretada por muchos como una especie de examen apocalíptico del que los americanos cristianos habían salido victoriosos. Tal victoria, por otro

---

[1] Citado en Willard B. Gatewood, *Controversy in the Twenties: Fundamentalism, Modernism and Evolution,* Nashville, Tenn., 1969, *p.* 93.

lado, identificaba a la nación americana con la voluntad de Dios, lo que posibilitaba la aparición de ideas como «voluntad de Dios» o «destino nacional», así como todo un pensamiento profético que se concretó en las teorías premilenaristas y posmilenaristas. El fundamentalismo tiene que situarse en ese contexto histórico y en esa nación sin historia cuyos avatares y destinos comenzaban a no disociar lo natural de lo sobrenatural.

Esos incipientes fundamentalistas pretendían, en su bucólico regreso a la virtud, un tipo de reforma social que aparecerá a lo largo de toda su historia en polémicas como las relacionadas con la enseñanza del creacionismo bíblico en las escuelas públicas. Asumir que la cristiandad era la única forma de sanear el estado degenerativo de la nación significaba, más que evangelizar, educar y enseñar la verdad a las nuevas generaciones. Optimismo filosófico y antropológico que los socráticos reformadores resolvían en unas ingenuas nupcias entre el corazón y el conocimiento:

«El método divino del conocimiento humano empieza en el corazón y en la capacidad que tiene éste de captar la verdad evangélica y de propagarla con amor a lo largo del mundo.»[2]

Ese conocimiento de la verdad y de la virtud parecía estar ratificado por la superioridad que la civilización occidental mostraba con respecto a las demás civilizaciones. El proyecto americano era una forma de continuar lo que en Europa parecía empezar a decaer. Paradójica asunción que Theodore Dwiht Woolsey, un presidente retirado de la Universidad de Yale, reafirmaba en una conferencia sobre la separación de la Iglesia y el Estado:

---

[2] Joseph Angus, *Duty of the Church in Relation to Misiones* EA, 1873, *p.* 583.

«Esta nación puede ser considerada como una nación cristiana a pesar de no tener una iglesia oficial, precisamente porque la mayoría de sus habitantes creen en el cristianismo y en el evangelio, así como en que las influencias cristianas son universales, que nuestra civilización y nuestra cultura están basadas en esto desde su fundación y que nuestras instituciones se han adaptado siempre a nuestra fe y a nuestra moralidad.»[3]

La victoria de los estados del norte en la guerra civil sacralizaba la unidad nacional y la Constitución, idea que los evangelistas prefundamentalistas se encargaron de difundir entre el sentimiento popular. La metáfora de la muerte y del sufrimiento era el pago que redimía a la nación del terrible pecado de la esclavitud. Pánico tanático del desorden que conducía de forma inexorable al Leviatán escatológico del fin del mundo.[4]

Símbolos como el de considerar el sábado día festivo cobraron una especial significación en el sentimiento nacional. Como decía Mark Hopkins: «La preservación del sábado es absolutamente indispensable para la virtud y para los principios cristianos de esta nación.»[5]

La reforma social quería iniciar su andanada, con lo cual comenzaron a crearse algunas organizaciones como las antimasónicas, las destinadas a cambiar la enseñanza en las escuelas públicas, las que se proponían trabajar por el seguimiento de la verdad junto a los institutos bíblicos o la de la Unión Cristiana de Mujeres que se funda en 1874. Otras campañas

---

[3] Citado en John Harris Jones, *Christianity as a Reforming Power*, EA, 1973, *p.* 62.

[4] Carlos Moya, *Introducción al Leviatán*, Editora Nacional, 1983.

[5] Citado en P. Handy, *A Christian America*, *p.* 84.

contra el mundo de la noche y de la diversión, que no dejaban de ser viejas causas de antaño, comenzaron a florecer bajo la misma égida de salvaguardar las tradiciones cristianas.

Existía un cierto consenso entre los conservadores protestantes y entre los fundamentalistas en propugnar un sistema económico capitalista de empresa libre. Tales principios se desprendían de las enseñanzas que se impartían en los *college*. El presidente Anderson, de la Universidad de Rochester afirmaba que la Biblia y la razón coincidían en que «la validez de los procesos legítimos y económicos estaba en armonía con la moralidad y dependía de ella».[6] El derecho a la propiedad y a la herencia eran sagrados, pero debían ser sobrepasados en muchas ocasiones por la caridad y por las acciones sociales en beneficio de la comunidad. El socialismo era completamente incompatible con todas estas leyes y pertenecía más a una tradición europea que no encontraba espacio social en la cultura americana.

Los protestantes conservadores veían en la educación una respuesta fundamental al mundo cambiante de la sociedad industrial. Ellos dominaban por aquel entonces las líneas ideológicas de la enseñanza y por ello iban a poner el grito en el cielo cuando llegasen tendencias europeas —como el evolucionismo— que pudiesen amenazar sus dominios. Los *college* eran, entre estos evangelistas victorianos, el principal camino para cultivar el marco teológico ortodoxo necesario para apartar a una civilización estable de las conspiraciones que enviaba Satanás.

En 1870, la filosofía dominante en América era la filosofía conocida como La Escuela del sentido común escocés. Tanto

---

[6] P. Anderson, *American Roots*, Rochester University, página 34.

el idealismo romántico como el racionalismo habían tenido escasísima acogida en los círculos intelectuales. Por el contrario, el éxito de la filosofía del sentido común se debe posiblemente a que se adaptaba perfectamente a los ideales de la cultura americana. La filosofía del sentido común propugnaba que la mente humana estaba construida de tal forma que podíamos comprender la realidad directamente a través de los sentidos. El resultado de tal proceso cognitivo se concretaba en las *ideas* que eran la mediación más importante a nuestro alcance entre la realidad y nosotros. Esta filosofía se diferenciaba substancialmente de la mantenida por los empiristas británicos clásicos: Locke, Hume y Berkeley, ya que éstos habían llegado a un escepticismo que negaba la causalidad y la continuidad del sujeto (en el caso de Hume) y a una posición no menos escéptica sobre la realidad que trascendía de las ideas (caso de Berkeley). La respuesta del principal exponente y formulador de la filosofía del sentido común, Thomas Reid, era que cualquier ser humano estaba seguro de la existencia del mundo exterior, de las relaciones entre causa y efecto y de la continuidad del yo. Sólo una mente perturbada y escéptica, argumentaba Reid, podía llegar a tales planteamientos absurdos.

Son obvias las implicaciones democráticas que se desprenden de la filosofía del sentido común en la versión americana. Como había visto Thomas Jefferson, esta filosofía ofrecía las bases intelectuales para el nuevo orden democrático. El antielitismo, que había estallado en el siglo XVIII de una forma especial en América, coincidía perfectamente con esta nueva filosofía que volvía a las cosas «tal como son».[7]

---

[7] Meyer, *Democratic Enlightenment and the American College Ideal,* Nueva York, 1971.

Los intelectuales americanos del siglo XIX consideraban que un país que había nacido en el siglo de las luces no podía permitir que su filosofía se alejase de la ciencia y de los principios metodológicos que ésta comporta. La filosofía del sentido común decía que las cosas eran tal como parecían ser y que el universo era gobernado por un sistema inteligible de leyes que un creador había trazado a la perfección. La función del sentido común y de la ciencia era descubrir estas leyes, que serían válidas (como la ley de la gravitación universal) en cualquier lugar del universo.

Muchos seguidores de Thomas Reid adaptaron a la nueva filosofía el inductivismo de Francis Bacon.

El nombre de Bacon llegó a inspirar una admiración casi reverencial e indiscutible entre la mayoría de círculos americanos. La certeza del conocimiento se adquiría a través de una observación cuidadosa de los hechos. El científico se limitaba a clasificar los hechos sin llegar a la necesidad de lanzarse a aventuradas hipótesis especulativas como la del evolucionismo.[8]

La filosofía del sentido común y sus distorsiones inductivistas o empiristas constituyeron el marco teórico con el que se defenderían los filósofos y teólogos americanos de las corrientes que podían representar una amenaza. El discurso bíblico, tenían claro los educadores, era la referencia única del orden moral nacional, y éste, a su vez, entraba en una especie de correspondencia con las facultades del sentido común. Dios había creado todo en un doble sentido: un mundo sin nosotros y otro correspondiente con nosotros. Al mundo al

---

[8] Herbert Hovenicamp, *Science and Religion in America, 1800-1860*, Filadelfia, 1978.

que nosotros teníamos alcance pertenecían las intuiciones que viabilizaban una moral del sentido común.

Sobre la base del conocimiento certero de los primeros principios se podía llegar, con intuición baconiana, a conclusiones relacionadas con la moral, la política y la economía. Como decía otro conocido autor de libros de texto llamado Francis Wayland:

«El orden secuencial que descubrimos en lo moral resulta tan invariable como el que descubrimos en lo físico.»[9]

Un marcado carácter optimista se respiraba entre los presidentes de los *college,* los autores de libros de texto y algunos círculos intelectuales que simplificaban en ingenuas síntesis el mundo de los objetos y el mundo de lo moral. Tal optimismo encontró algunas críticas entre los calvinistas, que pensaban que todos los individuos nacían pecadores. La filosofía del sentido común argumentaba que los individuos eran agentes morales capaces de libre elección. Esa idea fundamentaba el sueño liberal americano desde el principio de la nación, tanto en lo político como en lo económico y moral, siendo, por lo tanto, disfuncional toda la tradición determinista de la depravación.

La antigua contraposición entre razón y fe quedaba traslúcida, en el marco pragmático americano, en una perfecta fusión complementaria entre ciencia y fe. Dada una verdad única, la ciencia tenía que confirmar las escrituras y nunca oponerse a éstas. La Biblia y la ciencia eran, en cierto sentido, las dos grandes legitimaciones de un país sin historia. La Biblia se retrotraía hacia el pasado remoto del creacionismo, la ciencia se proyectaba hacia el futuro pragmático y era tam-

---

[9] *Ibid., p.* 89.

bién un elemento inseparable de la cultura nacional. Curiosamente, como había insistido Nietzsche hasta la saciedad,[10] los valores ascéticos encuentran una clara correspondencia entre el cristianismo y la ciencia; las leyes del primero proceden del dios monoteísta que las legitima y consolida desde la atemporalidad. Las leyes de la ciencia también han pretendido un nivel de universalidad capaz de hacerlas válidas para siempre. Ambas leyes son universales y necesarias, ambas serán válidas en cualquier espacio y cualquier tiempo, ambas proceden y se legitiman desde una coherencia superior. No es tan raro, por lo tanto, que los fundamentalistas encontraran innumerables razones para pensar que la fe y la razón de la ciencia tenían que estar versando sobre la misma verdad y no sobre verdades diferentes.

Ese optimismo en favor de la ciencia y de la fe no significaba, por otra parte, que el conocimiento de la verdad de Dios fuera, para el pensamiento protestante del sentido común, aprehendible por todos. Tal contradicción llevó a ciertas polémicas que cuestionaban o confirmaban el supuesto democratismo cognitivo de la sociedad americana.[11]

Esta reconciliación temporal de la ciencia y la fe era fundamental para que el evangelismo cristiano americano saliese victorioso de los constantes ataques del mundo moderno. Como decía W. A. Stearns, presidente del *college* de Amherst:

«Nunca, en un contexto similar, la cristiandad se ha visto asaltada con tanta variedad y persistencia de argumentos por su derrocamiento como en el último siglo. Sin embargo, la re-

---

[10] Por ejemplo en el capítulo 3° de su *Genealogía de la moral*, titulado «Qué significan los ideales ascéticos?».

[11] Sydney Ahlstrom toca concretamente este tema en su extenso artículo «The Scottish Philosophy and American Theology», *Church History*, XXIV, sep. de 1955.

ligión cristiana en su forma más pura está teniendo un apoyo sin precedentes por parte del pueblo americano. Apoyo que sin ningún género de dudas nos llevará a vencer contra toda esa variedad de escepticismos.»[12]

La idea de Europa como portadora de los mayores síndromes del modernismo se exacerbó en los últimos lustros del siglo, desarrollándose también un cierto chauvinismo y una extraña autosuficiencia. Refiriéndose al Great Awakening (el Gran Despertar) William F. Warren, de la Universidad de Boston, decía que «en los alrededores de la mitad del siglo pasado sobrevino la plenitud de la era de Dios, pues se había creado una nacionalidad cristiana. América ha sido testigo de diversas formas de infidelidad, tales como la de Thomas Jefferson, Thomas Cooper y Thomas Paine, conocidos como los tres thomases incrédulos y después, más recientemente, el trascendentalismo, el socialismo, el espiritualismo y la frenología, pero ninguno de ellos era de origen americano, todos estos movimientos en contra del pensamiento cristiano han procedido siempre de Europa. Ninguno partió de nuestro país y esto significa para nosotros algo muy importante».[13]

Esa retórica de la inocencia y de la pureza americana, en contraposición a la creciente corruptibilidad europea, topaba crecientemente con la polémica del darwinismo. Tal polémica impulsó en 1873 un debate importante en la reunión de la Alianza Evangélica. Éste sería uno de los primeros indicios del gran debate a nivel nacional que todavía hoy en día sigue sin resolución en la cultura americana. El reverendo James McCosh, presidente del *college* de Nueva Jersey, arrojó la

---

[12] W. A. Stearrs, *Recent Questions of Unbeti4*, julio de 1870.

[13] W. F. Warren, *Reason and Faith*, 1873, p. 83.

chispa al intentar revisar la relación entre el darwinismo y la Biblia desde una perspectiva nueva. La postura de McCosh fue importante porque era conocido como un claro representante de la filosofía del sentido común y esto, simbólicamente, parecía una especie de traición al texto bíblico y a la nación. McCosh insistía en que la filosofía del sentido común no podía admitir que Dios hubiera creado a los seres humanos. Sin embargo, argumentaba McCosh, la teoría del sentido común y el cristianismo podían ser reconciliados y la evolución no era realmente una amenaza para la fe porque solamente era una interpretación hecha por el hombre. El reverendo W. Weldom indicó en la Alianza Evangélica que si el hombre descendía de la materia primitiva no podía tratarse del mismo hombre de que hablaba la Biblia.[14]

El debate de la Alianza Evangélica prosiguió en torno a la literalidad del texto bíblico: si el hombre tenía que ser concebido como procedente de la nada o si esto era solamente una metáfora para potenciar el poder de Dios. El presbiteriano Charles Hodge puntualizó que la evolución o bien era un proceso teleológico e intelectual, o bien era un proceso mecánico de fuerzas ininteligibles y sin ningún fin coherente con el texto bíblico. En el primer caso, la evolución podría ser perfectamente compatible con la voluntad de Dios y sería como una especie de historia de la naturaleza hacia el fin del mundo. Otro argumento no menos original en la búsqueda de la conciliación entre el darwinismo y las Escrituras lo sugirió un misionero que se había pasado toda su vida estudiando diferentes religiones. El misionero llegó a la conclusión de que todas las religiones mostraban claros paralelismos con el cristia-

---

¹⁴ Bozeman, *Discussion on Darwinism and the Doctrine of Development*, Nueva York, 1961.

nismo, lo cual probaba científicamente el origen común de la humanidad a través de las Escrituras.

El baconianismo y su certeza sensible serían para todos estos protestantes conservadores el arma principal en contra del evolucionismo. La certeza de los hechos no podía admitir una hipótesis tan lejana como la del origen del ser humano. Era una hipótesis tan metafísica como la de cualquier religión, con el agravante de que no tenía quien la secundase con la fe. Los fundamentalistas utilizarían constantemente este argumento de que la ciencia positiva sólo puede admitir los hechos y leyes verificables: las hipótesis y las teorías pueden marcar la dirección de la ciencia, pero tales hipótesis no son ciencia.

Por lo menos desde Jonathan Edwards, los teólogos americanos no habían desafiado los fundamentos, y a la ciencia se le había permitido operar sobre una base naturalista y empírica con la esperanza de que la verdad confirmase las Escrituras. El problema, aunque al principio no lo pareciese, estaba con Darwin.[15]

Se había creado el dilema, pero a diferencia del catolicismo —cuya exégesis la hubiera resuelto un ente en Roma—[16] no se había ni siquiera alumbrado el consenso protestante.

Entre los grupos que hay que considerar como precursores del fundamentalismo resalta el de los revelacionistas. Su visión escatológica de una segunda venida conllevaba la esperanza de un gran conflicto que precedería al milenio y que se

---

[15] Carter, *The Evolution of Christianity,* Boston, 1892.

[16] Véase mi trabajo sobre la jerarquía católica, «La estructura del catolicismo americano», *Revista de política comparada,* Universidad Internacional Menéndez y Pelayo, volumen 8, 1981.

desarrollaría con una terrible confrontación entre los seguidores de Cristo y los seguidores de Satanás. Tal guerra de las fuerzas del bien y del mal desplazaba la importancia del ser humano, que parecía convertirse en el espectador pasivo de la luminosa hecatombe.[17] La historia, para los revelacionistas, era una línea discontinua cuyas pausas estaban propugnadas por Dios, el cual introducía, mediante revelaciones, nuevas eras de la humanidad. El margen que los revelacionistas daban al hombre estaba limitado al tiempo que precedía a una nueva revelación. Su actividad podía entonces influir levemente en los acontecimientos históricos. En la actualidad, los revelacionistas muestran un fuerte pesimismo que se concreta en la catastrófica concepción que tienen del progreso material.

La visión que los revelacionistas tenían de la historia, por lo tanto, se opone radicalmente a la que tienen los historiadores convencionales. Para los historiadores convencionales, la historia es una sucesión de hechos naturales con mayor o menor protagonismo del hombre, de sus ideas (Hegel) o de sus producciones (Marx). La poca importancia concedida por los revelacionistas al hombre, así como la relación unilateral de éste con Dios, convertían la historia en una historia de lo sobrenatural.

A pesar de que los movimientos milenaristas y antimodernistas son normalmente considerados como los antecedentes más importantes del fundamentalismo, los revelacionistas y su concepción de la historia son, en muchos aspectos, los que realmente forman la ideología del movimiento.

En contraposición a los teólogos revelacionistas, los teólogos liberales admitían que la historia tenía un desarrollo natu-

---

[17] Norman Kraus, *Dispensationalison in America,* Richmond, 1958.

ral y que tal desarrollo era clave para comprender la realidad del mundo y de las escrituras. Los revelacionistas y los fundamentalistas, no sin cierta coherencia, entendían las Escrituras como una especie de codificada y literalizada representación de los avatares del mundo. Jerárquicamente, para los revelacionistas, era claramente prioritario todo lo sobrenatural de las Escrituras a todo lo natural que nos encontramos a nuestro alcance. Consecuentemente, los teólogos debían estudiar con mayor atención lo sobrenatural que cualquier otra cosa.

La idea del conflicto como impulsora del desarrollo histórico no es tan exótica si pensamos en algunos pensadores del siglo XIX como Marx o el propio Darwin. Marx, además, concibe la historia como un proceso teleológico en el que la sociedad llegará a conseguir la desaparición de las clases sociales. De nuevo, la diferencia está en que para los marxistas la consumación de su proceso reside en las fuerzas naturales y para los revelacionistas está en el ámbito sobrenatural. Otra sorprendente analogía entre el pensamiento marxista y el revelacionista reside en que ambos conciben la historia como un desarrollo dual. Los revelacionistas en su versión maniqueísta del bien y del mal; y los marxistas en su concepción dialéctica. En el Estado y en la eternidad cesan las contradicciones. Idea que Octavio Paz ha desarrollado en más de una ocasión al referirse al cristianismo en general:

«A la heterogeneidad del tiempo histórico se opone la unidad del tiempo que está después de los tiempos: en la eternidad cesan las contradicciones, todo se ha reconciliado consigo mismo y en esta reconciliación cada cosa alcanza su perfección inalterable, su primera y final unidad. El regreso del eterno presente, después del Juicio Final, es la muerte del cambio —la muerte de la muerte. Al romper los ciclos e introducir la idea de un tiempo finito irreversible, el cristianismo acentuó la heterogeneidad del tiempo; quiero decir: puso de manifiesto esa propiedad que lo hace romper consigo mismo, dividirse y separarse, ser otro siempre distinto. La caída de Adán significa la ruptura del paradisíaco presente eterno: el comienzo de la sucesión es el comienzo de la escisión. El tiempo en su continuo dividirse no hace sino repetir la escisión original, la ruptura del principio: la división del presente eterno e idéntico a sí mismo en un ayer, un hoy y un mañana, cada uno distinto, único. Ese continuo cambio es la marca de la imperfección, la señal de la Caída. Finitud, irreversibilidad y heterogeneidad son manifestaciones de la imperfección, cada minuto es único y distinto porque está separado, escindido de la unidad. Historia es sinónimo de Caída.»[18]

Esa concepción del cambio dramático como señales de imperfección que, como apunta Octavio Paz, se entrecruza constantemente con la idea de la historia que tiene el Cristianismo, es mucho más exagerada en el caso de los revelacionistas. Su interpretación de la historia bíblica entendía que cada época concluía con una catástrofe; la revelación de la inocencia acababa con la caída del pecado del primer hombre, la de la conciencia con la del Diluvio Universal, el gobierno humano fue destruido con la Torre de Babel, la promesa acabó con la cautividad de Egipto, etc.

El catastrofismo ante el progreso y la sociedad moderna que mostraban algunos revelacionistas como A. W. Frost, quien comentaba reiteradamente la cantidad de asesinatos, suicidios, robos, asaltos, alcohólicos, etc., era coherente con la idea de que precediendo un cambio importante se manifesta-

---

[18] Octavio Paz, «La hija del limo» en *Los signos en rotación*, Alianza Editorial, Madrid, 1971, *p.* 349.

rían una serie de «signos del tiempo» que había que interpretar. Conectando esos signos con las nuevas corrientes políticas, especialmente el comunismo y el anarquismo, los revelacionistas estaban convencidos de que el mundo duraría poco tiempo.

Sin una ideología política realmente consistente, los revelacionistas tendían a ser republicanos más que demócratas. Participaban con los fundamentalistas de esa idea tradicional de la civilización cristiana en América, y se mostraron contrarios al papa por considerar peligrosa la idea de la infalibilidad en un ser humano.

Uno de los signos del fin del mundo era que la doctrina cristiana sería predicada por todas las naciones. El éxito de las misiones en países del Tercer Mundo entusiasmó especialmente a los premilenaristas, como queda reflejado en el libro de Blackstone titulado *Jesus is Coming*.[19]

Los premilenaristas pensaban que Cristo volvería antes del Reino del Milenio, mientras que los posmilenaristas creían que volvería después de que el reino estuviera ya establecido, por el seguimiento del evangelio y por el trabajo de la Iglesia. Tal diferencia sobre la segunda venida era fundamental en sus concepciones sobre la labor de la Iglesia y de la sociedad. Mientras que los premilenaristas no veían muchas cosas que hacer para alcanzar el milenio, los posmilenaristas hacían recaer una especial función en la sociedad y en el ser humano. Por su idea de la predestinación, los premilenaristas, contrariamente a los posmilenaristas, no esperaban ver las señales que precederían el reino en la tierra, lo que recuerda en parte al calvinismo ortodoxo.

---

[19] J. Blackstone, *Jesus is Coming*, Filadelfia, 1886.

Tanto para unos como para otros, sin embargo, las características más importantes de la religión estaban empezando a declinar en favor de los aparatos del Estado y del progreso. Había que organizar una nueva expansión del evangelio.

Una de las figuras fundamentalistas que hay que resaltar a principios del siglo es la de J. Gresham Machen. Amante de lo intelectual, Machen es uno de los fundamentalistas más cultos y cosmopolitas. Tras haber estudiado en Johns Hopkins University, en Princeton y en otras universidades de Alemania, estaba profundamente interesado por la cultura y muy particularmente por la crisis de la cultura. Como se señala en el libro de Jerry Falwell, en la década de los veinte se creó una considerable polémica en torno al papel que debía ocupar la cultura dentro de la civilización cristiana. Machen había publicado varios artículos en los que afirmaba que el problema más importante del cristianismo en los últimos tiempos se centraba en la esfera intelectual, en la que se había entrado en una crisis sin precedentes que conducía a la trivialización popular de las materias teológicas y, consecuentemente, a la confusión generalizada.[20]

Las acusaciones hirieron sensibilidades de muchos que creían felizmente que la tradición americana entendía la Biblia sin las sofisticadas interpretaciones que se hacían en Europa. Esto trajo a Machen algunos enemigos que le calificaron de europeísta pretencioso. Machen respondió desde su posición insistiendo en algo que encolerizó a muchos; el trabajo práctico como el de las misiones, las obras benéficas, así como la oración, no tenían la misma importancia que el trabajo intelectual. Consecuentemente, el escenario para trabajar en la

---

[20] Jerry Falwell, *The Fundamentalist Phenomenon*, Doubleday, Nueva York, 1981.

cristiandad no residía en las misiones y en los exóticos campos de Asia, sino en las universidades. Incluso la lucha apocalíptica estaba más localizada en las armas del intelecto que en las propias bombas: «Lo que hoy en día es tema de especulación académica», decía Machen, «empezará mañana a mover ejércitos y derrumbar imperios.»[21] El intelectualismo de Machen contrasta en gran medida con la tradición del fundamentalismo y sus orígenes.

La palabra fundamentalismo procede de una especie de enciclopedia que fue publicándose durante los años que van de 1910 a 1915. Editados por un millonario del petróleo del sur de California, aquellos doce volúmenes recibieron el nombre de *Los Fundamentales (The Fundamentals)*.

Lyman Stewart —el mayor promotor y financiador de los libros— calificó a los autores de «los mejores y más leales educadores bíblicos del mundo», Stewart encargó a A. C. Dixon, un conocido evangelista, la dirección de los distintos trabajos. Dixon consiguió reunir a un importante número de escritores conservadores. La procedencia de éstos era mayoritariamente nacional, si bien hay que resaltar las frecuentes colaboraciones inglesas.

La primera distribución de *Los Fundamentales* fue a parar a todos los pastores protestantes conservadores, misioneros, teólogos, profesores y estudiantes a los que Dixon tuvo acceso. El carácter empresarial de Stewart hizo que *Los Fundamentales* trascendieran un ámbito tan limitado, consiguiendo un impacto social considerable, más a través de conferencias y polémicas suscitadas a raíz de escritos, a favor o en contra, que por la distribución de los mismos.

---

[21] Citado en *ibid.*, p. 204.

En 1920, la mayor parte de la población estaba familiarizada con el término fundamentalismo, si bien ya no lo relacionaban necesariamente con *Los Fundamentales*.

Entonces, y ahora, cualquier americano identificaba el fundamentalismo con un movimiento cristiano conservador opuesto al modernismo, desconociendo la génesis concreta del término.[22]

El conocimiento popular del fundamentalismo ha sido siempre simplificatorio y confuso, ya que nunca se ha sabido bien qué características diferencian el fundamentalismo de otros movimientos conservadores. Lo cierto es que ni el fundamentalismo de entonces ni el de ahora constituyen, como veremos, una doctrina ni muy compleja ni muy particular.[23]

Los Fundamentales representan al fundamentalismo en un Estado moderado y transitorio que nada tiene que ver con el extremismo al que irán llegando en posteriores etapas. La mayor parte de los artículos que aparecen en *Los Fundamentales* tienen como fondo temático la defensa de la fe en el mundo moderno y la vuelta al conocimiento bíblico. El resto trata temas convencionales de teología, tales como la naturaleza de las personas de la Santísima Trinidad, las doctrinas del pecado y de la salvación, etc. Por lo tanto, la mayoría de los artículos tratan, con mayor o menor entusiasmo apologético, de cuestiones poco originales. Algunos terminaban con un testimonio personal del autor —una especie de autoconversión o arrepentimiento—, al mismo tiempo que invitaban al lector a difundir esa nueva idea de la salvación.[24]

---

[22] *The Fundamentais: A Testimony to the Truth*, Chicago, 1910-1915.

[23] Ernest Sanosen, *The Roots of Fundanientalism*, Chicago, 1970.

[24] Curiosamente, la idea de la autoconversión es muy recurrente entre los programas fundamentalistas televisivos actuales.

Ni las causas políticas ni las éticas preocuparon mucho a los escritores de los volúmenes. Hay que señalar, sin embargo, que algunos escritores aludieron al tema del peligro del comunismo y del anarquismo, pero, todavía, en un talante altamente moderado. La iglesia debía permanecer al margen del contexto político, limitándose a tratar de «ayudar a todos nuestros hermanos en los asuntos sociales».

Lo que sí aparecía indirectamente en *Los Fundamentales* era un enorme interés por la ciencia y por su relación con las escrituras. Como decía el profesor bautista J. J. Reeve: «Es imposible que el método científico no interese a una mente letrada, el espíritu científico es uno de los más nobles instintos del ser humano». [25]

Para muchos, este método científico era imprescindible para los cristianos, porque usándolo entendemos que somos capaces de descubrir los hechos y la forma de las escrituras del Antiguo Testamento. La mayoría de los escritores de *Los Fundamentales* objetó, sin embargo, que el método científico podía conducir a un peligroso mal uso al dar como científicas teorías o hipótesis especulativas. En este sentido, la frase de Newton «yo no invento hipótesis» era una especie de lema recurrente.

En *Los Fundamentales* se vuelve a plantear el tema de la ciencia y las escrituras, sobradamente debatido en otros movimientos precedentes. El planteamiento —no menos entusiasta— en favor de la conciliación es de talante menos ingenuo que los anteriores. La nueva postura limitará el poder de la ciencia en los temas religiosos y no hará coincidir en un mismo grupo las dos dimensiones cognitivas.

---

[25] J. J. Reeve, en *The Fundamentais: A Testimony to the Truth,* Chicago, 1910-1915, volumen 4.

Con respecto al tema del evolucionismo, *Los Fundamentales* no cargaron demasiado las tintas y optaron por una posición moderada o intermedia. En algunos casos se argumentaba que en los siete días de la creación, que debieron durar (cada uno) mucho más tiempo que el que transcurre en un día, se pudo producir algún tipo de evolucionismo transicional.

Pero el tema del evolucionismo en *Los Fundamentales* no constituye una posición única, sobre todo por el hecho de que los llamados a escribir sobre el mismo procedían de teologías muy dispares. George F. Wright, por ejemplo, escribió sobre la evolución siendo él un intelectual calvinista típico de Nueva Inglaterra.[26]

Si a lo largo del siglo XIX se intensificó la esperanza de la consolidación de una «América cristiana», la década que precede a la Primera Guerra Mundial se caracterizó por cuestionar ese principio. La nueva oleada de inmigraciones había comenzado a cambiar la identidad americana. En pleno ajuste de entusiasmo por las misiones y por las actividades sociales, el modernismo y el pluralismo cultural cuestionaban aquella mayoría moral.

Los Fundamentales aspiraban a conseguir un consenso cultural en el pensamiento ético-religioso americano. El fundamentalismo, como movimiento antimodernista y, en cierta forma, nativista, tenía dos posiciones estratégicas. De un lado, podía optar por una posición de ruptura que condenase al resto de las formaciones y sectas religiosas conservadoras por no ser «suficientemente conservadoras». Esta solución presentaba los inconvenientes de toda ruptura; la tradición ya no

---

[26] George F. Wright, era el director de la revista *Biblioteca Sacra*, una de las más respetadas en América.

legitimaría el movimiento y éste podía aparecer como un exotismo novedoso, producido precisamente por el modernismo. La otra solución, la de integrarse en la tradición conservadora, era la que había prevalecido en *Los Fundamentales*. El fundamentalismo siempre ha oscilado entre una postura rupturista y una postura tradicionalista sin decantarse demasiado por ninguna de las dos.

La Primera Guerra Mundial estaba configurando el marco perfecto para la creación de un personaje que va a perdurar hasta la iglesia eléctrica actual. Se trata de los profetas pesimistas como Gaebelein o como el abogado Philip Mauro, que había representado esta tendencia en su ensayo de *Los Fundamentales*. Ambos procedían del revelacionismo. Gaebelein, que había sido editor de la revista *Our Hope,* encontró su mina profética en el paralelismo entre los sucesos contemporáneos y los bíblicos y escatológicos. Tanto en *Our Hope* como en otras revistas Gaebelein hablaba de «dos signos del tiempo» refiriéndose a una serie de cataclismos que anunciaban que el fin estaba cerca. Además del hambre, los terremotos, la corrupción del modernismo y las nuevas tendencias europeas, los comentarios de guerra eran objeto de largas especulaciones alarmistas.

Gaebelein y otros veían en el progresivo armamentismo de las naciones cristianas, y en el lujo desenfrenado, dos signos inconfundibles de las profecías bíblicas. El mundo moderno había traído el ferrocarril y había abierto nuevas vías de navegación hacia Oriente. Todo esto había enriquecido a unos hombres hasta convertirlos en millonarios y había hecho a la población enormemente envidiosa y codiciosa. Era sin duda el nuevo reino de Babilonia que amenazaba con desbordarse y convertirse en una amenaza para la paz y para la seguridad de la civilización cristiana.

Esta retórica escatológica no era precisamente funcional con el nuevo mundo moderno. M. Haldeman[27] consideraba la reforma de las iglesias como una corrupción más y la conectaba con el socialismo. Era «el camino de Satanás para adormecer al mundo sobre los gravísimos problemas que se nos vienen». Además, Jesucristo no era un reformador, puesto que «no había levantado la voz contra la esclavitud ni contra la guerra». La democracia era para Haideman otro claro signo de debilidad y de transición hacia el socialismo, que a su vez era otro camino que conducía hacia el fin: «La bandera de la democracia se está convirtiendo cada día más en la bandera roja, el símbolo del socialismo y del gobierno del hombre.» Los logros científicos y tecnológicos eran para Haldeman los signos decepcionantes y tentadores que la Biblia profetizó como signos del final. Visión condenatoria de la ciencia que contrasta con el optimismo hacia ésta que habían demostrado los precursores del fundamentalismo.

El pesimismo que Haldeman ofrecía reiteradamente en torno a la ciencia y la tecnología no era compartido por todos los fundamentalistas —y mucho menos por todos los teólogos conservadores—, ya que alguno de estos últimos había afirmado que el espíritu de Cristo se manifestaba en la cultura, en cualquier libro de arte y en cualquier descubrimiento científico.

Ante tal número de afirmaciones del fin de la era, ante tal cantidad de evidencias de la errónea dirección ética y religiosa de las iglesias, Haldeman sugería que el futuro de la Iglesia estaba en separarse al máximo de la cultura, ya que «el verdadero futuro no está en esta era, el verdadero futuro está por

---

[27] M. Haldeman, *The Signs of the Times,* Nueva York, 1912.

venir, pues Cristo ha prometido venir a sacar la Iglesia de este mundo.»[28] A pesar de ello, Haldeman no propugnaba, como lo hacía Gaebelein, el otro líder profético, una separación total de la Iglesia. Haldeman continuó perteneciendo a la Iglesia de los Bautistas del Norte.

Para Gaebelein, la ruptura era necesaria puesto que era la única forma de vivir en concordancia con los signos de los tiempos. Su pesimismo antropológico se proyectaba en contra de los hombres e instituciones: «¿Cómo osáis defender a hombres e instituciones que niegan nuestros principios?, si proseguís en ese camino os encontraréis en la *mayor apostasía.*»[29]

William B. Riley, que llegó a convertirse en una de las figuras más importantes del fundamentalismo, seguía viendo los mismos «signos de los tiempos» de los que hablaban Gaebelein y Haldeman, pero en un tono mucho más moderado y sin los ataques a la democracia y al socialismo: «Aquellos que dicen que la batalla está perdida no pertenecen a mi grupo; en este sentido, mi propio ministro me protege de cualquier tipo de pesimismo.»[30]

Riley, mejor orador y más moderado que Gaebelein o Haldeman, era el hombre idóneo para liderar el movimiento. Pensaba que había que ir a las ciudades y no negarlas sistemáticamente como infiernos intocables. En las ciudades existía con más frecuencia el pecado, pero precisamente por ello era necesario ir a salvar almas. Para Riley, los cristianos debían estar con los pobres y no con los ricos, con el trabajo honesto y contra el capital, luchar en contra de los vicios y en favor de la democracia y de la reforma cívica.

---

[28] *Ibid.,* p. 195.

[29] Citado en Ernest Sceen, *The Roots of Fundamentalism,* Chicago, 1970,. p. 123.

[30] *Ibid.,* p. 45.

Por lo tanto, como podemos ver ya, el fundamentalismo alberga, bajo un mismo techo, tendencias bien distintas que van desde el mero testimonialismo espiritual y pesimista hasta el progresismo de la reforma social. Esta pluralidad de tendencias en los autores ya estaba en *Los Fundamentales* y se va a acentuar cada vez más con el transcurso del tiempo.

Riley no era partidario de negar completamente la participación de las iglesias en la vida política. De todas formas, en este sentido hay que hacer notar que las iglesias no constituían ni mucho menos una unidad, sobre todo porque habían sido eclipsadas por una institución que había surgido del movimiento y que tenía cada vez más importancia como instrumento de unificación: los institutos bíblicos.

Los institutos bíblicos cumplieron un papel clave en la unificación del fundamentalismo. Su dimensión era mucho más secular que la de las iglesias, y sus actividades consistían en organizar conferencias, publicar informaciones, preparar líderes y discutir temas de la actualidad cristiana. Los institutos bíblicos eran una especie de club local con contactos a nivel nacional.

Pero esa presunta unidad de los institutos bíblicos en favor de la cultura y de las actividades seculares no era siempre tan clara. El instituto bíblico de Moody sostuvo que los cristianos no debían hacer de los institutos bíblicos unos centros culturales en busca de los «signos del tiempo». Para el instituto Moody, los cristianos debían despreocuparse de los acontecimientos que sucedían en el mundo. Ni siquiera leer el periódico era necesario, a no ser que fuera para encontrar material aplicable al evangelismo o al estudio bíblico.[31]

---

[31] Gene Getz, *The Story of Moody Bible Institute*, Chicago, 1969.

La postura del resto de los institutos bíblicos solía ser más abierta que la del instituto Moody, ya que consideraban necesario el complementar el estudio de la Biblia con otros estudios que permitiesen «llevar a la gente de las ciudades a la meta que perseguimos».

En 1908, la figura de William J. Bryan aparece en la escena del cristianismo conservador americano. A pesar de su procedencia política (fue líder del Partido Demócrata hasta 1912 y secretario de Estado hasta 1918 con Wilson) Bryan puede incluirse como una personalidad clave en la historia de esa concepción especial de una América cristiana. Recuerda al reciente presidente Carter por sus constantes referencias al cristianismo. Bryan, por ejemplo, había afirmado:

«Estoy mucho más interesado en los asuntos religiosos que en los asuntos del gobierno.» Los intereses religiosos de Bryan reflejaban los intereses políticos. En ambas áreas defendía la reforma social y una política exterior pacifista que derivaba directamente del evangelio.[32]

Con su idea de la cristiandad americana, Bryan representaba la coalición culturalmente dominante que se constituyó en la primera mitad del siglo XIX. En aquellos ideales —y en los de Bryan— los principios que debían regular la nación americana estaban en sintonía con la ética cristiana y con los ideales del progreso y de la democracia. Estos ideales cristianos y americanos se revelaban no sólo en la Biblia, sino también en «la Ley Divina asequible a todas las personas de sentido común». Bryan es un ejemplo claro del evangelista que confía en que los EE.UU. pueden y deben cumplir una función especial para guiar al mundo moralmente.

---

[32] Szasz, *Three Fundamentalist Leaders,* pp. 103.134.

Bryan, sin embargo, tenía una concepción pragmática del cristianismo basada esencialmente en el concepto de civilización. Siendo de origen presbiteriano, decía que nunca había tenido tiempo para estudiar las diferencias entre bautistas, metodistas o su propia confesión. De hecho, había señalado más de una vez que el cristianismo era la religión más importante y que parte de esa importancia se debía a las pocas distinciones que separan la unidad religiosa de la civilización occidental.

Durante la Primera Guerra Mundial el protestantismo conservador sufre uno de los cambios más espectaculares de su historia. En este periodo es cuando se pasa de la actitud moderada de *Los Fundarnentales* a la actitud agresiva del fundamentalismo propiamente dicho. Por un lado, sus oponentes liberales se habían radicalizado afirmando de forma militante su nueva teología progresista. Después de 1920, el fundamentalismo se unifica para salvar a la civilización americana de los nuevos peligros socio-políticos y de las nuevas corrientes como la teoría de la evolución.

La Primera Guerra Mundial es el detonante que hace tomar posturas políticas definidas al fundamentalismo. Antes de la guerra, el fundamentalismo andaba entretenido en cuestiones teológicas, despreciando prácticamente las cuestiones políticas. Por otra parte, la guerra crea un sentimiento de unión ante la amenaza de un enemigo común.[33]

La actitud de los fundamentalistas con respecto a la guerra se definió en algunos casos y quedó en un discreto neutralismo en otros. Por ejemplo, en el caso del atípico fundamentalista que era Bryan, se resolvió en un moderado apoyo a la

---

[33] H. Abrams, *The Crusade of the War*, Filadelfia, 1954.

guerra, es decir, sin la retórica antigermana que había capturado a muchos americanos en ese período. Para Bryan, cada vez más, la idea del sentimiento religioso y del sentimiento patriótico entraban a formar parte de una misma cosa. Retórica que sobresale en otros fundamentalistas como Billy Sunday.

La idea de la patria como cruzada religiosa introduce en esta nueva década del fundamentalismo retóricas y contrapartidas que nos recuerdan a nuestra «gloriosa» Guerra Civil: traidores, vencidos, ateos, masones, comunistas, etc.

Poco a poco, el enemigo alemán se va convirtiendo en el amigo del modernismo y del infierno. Sunday se caracterizó por este patriotismo antigermánico, haciendo cosas tan sorprendentes como acabar todos sus discursos agitando la bandera americana o diciendo que «si le dais la vuelta al infierno, encontraréis *made in Germany* en la otra cara».

De entre las tradiciones que componen el mosaico fundamentalista, los bautistas fueron los últimos en referirse a la guerra y en tomar posición sobre ella.

En 1917, la revista bautista *The Watchman Examiner* reconocía en su editorial que el pacifismo sistemático podía llegar a ser una forma de insensatez.

En general, la guerra ocasionó una politización patriótica en toda la nación. En el caso de los premilenarios, esta politización condujo a un romanticismo patriótico que influyó en gran medida en los grupos fundamentalistas. La revista premilenarista *Our Hope* había propugnado durante la guerra una posición bien distinta, ya que insistía en que en nuestra era todavía no se debía confiar en ningún tipo de gobierno hasta que no llegase el Rey capaz de erradicar las fuerzas de Satanás.

Aunque las opiniones eran variadas, muchos siguieron esas posturas radicales hasta llegar al pacifismo. Otros premilenaristas se declaraban pacifistas por el hecho de que pensaban que no sería posible solucionar los problemas mundiales a través de la guerra.

En septiembre de 1917, la revista *Our Hope* publicó un artículo que respondía a la pregunta «¿Debe el critsiano ir a la guerra?», en el cual la respuesta era claramente no. Citando los pasajes que se referían a la paz en el Nuevo Testamento, el autor decía que la misma pregunta se contestaba sola; los cristianos deberían separarse del mundo, no deberían pretender mejorar el mundo. Antes de ir a luchar, los cristianos debían obedecer las órdenes gubernamentales que no van contra la palabra de Dios, así como rezar por su gobierno. La conclusión era, por lo tanto, que los cristianos debían servir, pero sin luchar:

«Hay deberes como pueden ser el servicio clerical o ambulante en el campo de batalla, asistiendo a los heridos. Asistiendo a Cristo como lo hacemos con nuestro propio cuerpo.»[34]

Tal pacifismo insistente por parte de los premilenaristas creó la sorprendente reacción de algunos teólogos liberales que acusaron a los premilenarios de fomentar el antipatriotismo.

El núcleo del modernismo afirmaba que la nueva teología debería adaptarse a la nueva sociedad. Los posmilenaristas no se separaban mucho de tal postura, ya que si bien tampoco consideraban que Dios se manifestara inmanentemente en la

---

[34] McLoughlin, *Modern Revitalism,* Winona Lake, md., 1911.

cultura (como pensaban los teólogos del modernismo), pensaban algo muy parecido: que el progreso espiritual del Reino podría percibirse en el progreso de la cultura, especialmente de las culturas democráticas en Europa y América.

Los protestantes liberales atacaron las posiciones premilenarias y llegaron a afirmar que la guerra era una guerra en favor de la democracia y que, por lo tanto, tenía que ser afrontada. Para los teólogos modernistas de Chicago, el progreso del cristianismo y el progreso de la cultura estaban tan íntimamente relacionados que no se entendían el uno sin el otro. Jackson Case, por ejemplo, profesor de historia de la religión, atacó a los premilenaristas por cometer errores históricos y consideró el auge del premilenarismo como algo peligroso: «El premilenarismo falla al denegar la responsabilidad que los hombres tienen contraída en el mejoramiento de la sociedad.»[35]

Case estaba convencido que el origen del auge de los premilenaristas había estado en una conspiración siniestra. Dos mil dólares por semana se gastaban, según Case, para difundir sus anacrónicas ideas. La procedencia de tal dinero podría apuntar a Europa, ya que siguiendo con la interpretación de Case, los alemanes estarían interesadísimos en «movimientos tan antipatrióticos».

Para Case, la nación americana, «está comprometida en un esfuerzo gigantesco por la democracia y sería hipócrita por nuestra parte no censurar la propaganda premilenaria»[36]

Estos debates sobre la guerra y el papel de la cultura, entre premilenaristas y liberales, serán muy importantes en el futuro

---

[35] Jackson Case, *A Time of Thinking*, Chicago, 1917.

[36] CASE, *Millennial Hope*, Chicago, 1918, p. 75.

del fundamentalismo. El aspecto cultural dio al movimiento fundamentalista una nueva dimensión e igualmente le obligó a tomar posturas que tal vez sin la coyuntura bélica no se hubieran planteado nunca. Durante los años veinte, el debate entre fundamentalistas y modernistas deja de ser teológico para convertirse en un debate socio-cultural. La evolución se convierte en un símbolo cultural y por ello la controversia trasciende a las universidades y a los seminarios de teología.[37] De hecho, sin la dimensión cultural del fundamentalismo no se entiende el debate a nivel nacional del darwinismo. La proyección que se genera en torno al fundamentalismo también ayuda a entender la guerra como una controversia cultural. Una vez más, un cierto sustrato nativista señala al enemigo diabólico a extinguir; desde ese foco, la guerra deviene caos y confusión entre la civilización cristiana y la barbarie alemana.[38]

Los premilenaristas van a cambiar radicalmente sus planteamientos poco después de la guerra. De sus posturas escépticas, que nada querían saber ni con la cultura ni con la sociedad, pasan a una preocupación intensa por conseguir rehacer la civilización. Al final de la guerra, su línea de ataque se centra sobre el modernismo. Postura que por lo demás dilata la paradoja existente en el pensamiento premilenarista; como premilenaristas debían decir que la cultura no tenía futuro; pero, por otra parte eran evangelistas tradicionales que querían un retorno a los principios cristianos como única esperanza cultural nacional.

El patriotismo y el antigermanismo que se inicia en 1918 hace desaparecer revistas pacifistas como *The Christian Herald.*

---

[37] Ese impulso hacia lo social y cultural, que parte de esta coyuntura, parece ser determinante en los grupos de la Nueva Dérecha Cristiana.

[38] Thomas, «Germany and the Bible», *Biblioteca Sacra,* enero de 1918.

De todas formas, no hay que concebir el patriotismo de los grupos conservadores como una defensa explícita de la guerra, sino que más bien se manifiesta en posturas como las que aplauden las escuelas luteranas, las cuales dejan de enseñar el alemán. El editorial de la revista premilenarista *The King's Business* relacionaba al Káiser con el mal y con el Anticristo en mayo de 1918:

«El Káiser echó con osadía el guante para que los infieles alemanes lucharan contra el mundo creyente, la cultura contra la cristiandad, esto es, la doctrina del odio contra la del amor. De este modo, Satanás se vio personificado —"Yo mismo y Dios". Jamás una cruzada levantó una lucha más sabia contra el Anticristo que la que nuestros soldados llevarían a cabo contra los alemanes.»[39]

El 30 de mayo de 1918 el gobierno convocó el *Decoration Day*.[40] Las revistas fundamentalistas vieron en este día la oportunidad de arrepentirse por haber defendido la violencia y los intereses nacionales. Tanto es así que el editorial de la revista *The King's Business* insinuó que la victoria se había conseguido gracias a que Dios había escuchado sus plegarias:

«Este día ha sido considerado muy ampliamente por todos nosotros como un día de especial comunicación con Dios. Dios ha escuchado nuestras plegarias que se han elevado en un día de gloria.»[41]

Curiosamente, las conferencias proféticas más importantes mantenidas en 1918 relegaron el *Decoration Day* a un se-

---

[39] *The King's Business,* 30 de mayo de 1918.

[40] Si bien significa un día destinado para decorar las tumbas de los soldados muertos en campaña, para las comunidades religiosas significó un día de arrepentimiento y oración.

[41] *The King's Business,* 30 de mayo de 1918.

gundo plano, abordando un asunto que parecía en términos proféticos, mucho más importante: la invasión de Jerusalén por parte del general británico Allenby. Para los estudiosos de «los signos del tiempos», esto era mucho más importante que lo que hicieran los aliados, pues para que se cumpliese la segunda venida se tenían que conseguir para los judíos todas las antiguas tierras bíblicas.

En una de estas conferencias, el premilenarista William B. Riley, a pesar de tener dos hijos en la guerra, defendió un concepto matizado de patriotismo al indicar que el heroísmo y el patriotismo de la guerra no deberían crear ilusiones ni enajenaciones con respecto a la salvación, pues nada tenían que ver con ésta. Riley también indicó que a pesar de estar de acuerdo con que la guerra debía ser entendida como una guerra para salvar la democracia, también había que insistir mucho a los predicadores que no se podían confundir las cosas y que el único que podría cambiar profundamente la naturaleza humana era el Hijo de Dios.[42]

Riley, en su ambivalencia espiritual, representa otra transición importante en el fundamentalismo que va a conducir inexorablemente al superpatriotismo. Además de la lucha por la civilización, Riley veía en la guerra una victoria en contra de las filosofías alemanas que vanagloriaban al hombre como centro del universo (el nietzscheanismo entre otras) y que se olvidaban de que el hombre no es más que un siervo de Dios. En 1919, Riley pasa a ser el líder más importante del movimiento fundamentalista. En este año fue también el máximo organizador de la Asociación Mundial de los Fundamentalis-

---

[42] Riley se refiere aquí a algunos predicadores que identificaron prácticamente el Reino de Dios en la Tierra con la victoria por la democracia.

tas Cristianos, la organización más importante del ala premilenarísta del movimiento fundamentalista.

En cuanto al anticomunismo, es curioso que la revista *Our Hope,* que había permanecido al margen de los asuntos políticos, manifestara una concienciación extrema. Arnold Gaebelein se aferraba al tema de *los signos del tiempo,* y como editor de *Our Hope* consiguió escandalizar a muchos sectores mediante sus teorías proféticas. Para Gaebelein, los trozos que constituían el rompecabezas profético habían sido puestos de repente en su lugar al cumplirse dramáticamente la profecía. En 1916, antes de la Revolución, había predicho que Rusia (el gran poder del norte) desempeñaría un papel relevante y fatal. Ahora la Revolución bolchevique dejaba claro cuál sería su papel. Ahora, Gaebelein veía con claridad que «la bestia alzaba su cabeza apuntando hacia nuestro país y toda la fuerza de su dios era Satanás, que se había revelado ya».[43]

Gaebelein volvía a plantear en la misma revista las consecuencias que se podrían derivar de no hacer frente al ataque comunista en un período de reconstrucción:

«Estamos atravesando un período de reconstrucción y, o bien salimos de él como una familia de naciones en la que pobres y ricos se han enmendado y en la que todo ciudadano reconoce a sus vecinos los mismos derechos que se reconoce a sí mismo, o bien el período de reconstrucción terminará dando vía libre a un mundo comunista internacional en el que nuestra civilización y nuestra religión serán totalmente destruidas.»[44]

---

[43] *Our Hope,* XXIII, julio de 1919.
[44] *Ibíd.*

El pesimismo había despertado una sensación de predestinación que había sido agudizada por una progresiva impotencia nacional. Los premilenaristas compartían con la mayoría del conservadurismo americano que los fundamentas morales de la nación se vendrían abajo ahora más que nunca. El mundo moderno y sus estadísticas confirmaban un desenfrenado aumento de las tasas de criminalidad. Además, muchos americanos estaban acostumbrándose a practicar aquellos hábitos «viciosos» que los evangelistas habían estado condenando durante años con sus amenazantes retóricas. Los jóvenes habían comenzado a exteriorizar formas de comportamiento que escandalizaban a muchos otros sectores anquilosados en el pasado.

El buscar culpables o causas de estos fenómenos de posguerra era una tentación irresistible. La plaga comunista comenzaba a perfilarse como una de las principales explicaciones, aunque también habían otras que acusaban a enemigos con más tradición, como el papa de Roma. En noviembre de 1919, el reverendo Oliver Osdel afirmaba:

«A veces la gente se pregunta qué se puede objetar al baile, a los teatros, a jugar a las cartas y a cosas así. Dicen que no existen motivos para condenar tan severamente, pero los que suelen aplicar la indulgencia hacia tales actos, por lo general permanecen lejos de nuestra doctrina. Es curioso cómo, habitualmente, estas dos cosas siempre van unidas, los que perdonan sistemáticamente la mundanidad siempre son los más alejados de nosotros. La unión de la cristiandad parece únicamente posible a través de la cabeza visible del papa de Roma y de sus conocidas doctrinas corruptas.»[45]

---

[45] Del sermón en *El Nuevo Templo Bautista*, noviembre de 1919

La idea premilenarista de que cabía esperar una ocupación más intensa y degenerada coincidía perfectamente con la instauración del comunismo. El premilenarismo estaba en la base de la Primera Conferencia de la Asociación Fundamentalista, celebrada en 1919. En ella se hizo hincapié en la peligrosa plaga de apostasía que recorría el mundo: «Miles de falsos predicadores introducen herejías endemoniadas, negando al Señor y propugnando el comunismo.»

Los años que siguen a 1919 sirvieron para acentuar la dimensión cultural de la crisis por parte de premilenaristas, presbiterianos, bautistas y otros grupos conservadores. David Kennedy, el editor de la revista *The Presbiterian,* se refería paradigmáticamente a la progresiva caída de los valores morales y recordaba que no se podía olvidar que América había sido fundada bajo una simbología moral:

«Debe ser recordado que América nació de progenitores morales y fue fundada a partir de esa base enteramente moral. Sus antecesores fueron cristianos de orden superior, purificados por el fuego y lavados por medio de la sangre. Su base es la Biblia, la infalible palabra de Dios. El decálogo escrito con los dedos de Dios en su perfecta guía para la vida y la sociedad. Ha tenido lugar un debilitamiento a nivel moral en el pensamiento y en la vida americanas. Éste es el resultado de una época de lujo y perversión. Sin embargo, hay un remedio, un único remedio que es la vuelta a la palabra de Dios. El pueblo americano debe creer como nunca en la Biblia. Ello requiere una lucha contra la crítica destructiva alemana, que encontró el camino a través de la gente religiosa y moral de nuestro país, llenándoles la cabeza de influencias envenenadas. La Biblia y el Dios de la Biblia son nuestra única esperanza. América debería elegir pronto, debería colocar la Biblia en su lugar histórico, en la familia, en la escuela, en la universidad, en la iglesia, etc. De esta manera podremos revivir y construir nuevamente la vida moral. De otra forma llegará el hundimiento y América dejará al mundo Solo en una época crucial.»[46]

En la convención de bautistas norteños se sistematizaron todo este tipo de propuestas culturales en contra del modernismo y en favor de la mítica fundación de América en última instancia por Dios. En esta convención se emplea ya con frecuencia el término «fundamentalismo». Otro editor conservador, Curtis Lee Laws, definió en su revista bautista el término «fundamentalismo» como un movimiento compuesto por una serie de sectas conservadoras que estaban dispuestas a luchar por *Los Fundamentales.*[47]

El espíritu de la guerra —así como la alarma cultural— dejaron el camino preparado para que las publicaciones fundamentalistas comenzaran a tener peso social. Para los fundamentalistas de nuevo cuño, las escuelas habían sufrido un proceso secularizador que se remontaba hasta la guerra civil. Así, todos vieron que una de las batallas claves que había que ganar se focalizaba en torno a las escuelas. En este sentido, William Riley fundó una revista titulada *Christian Fundamental in School and Church,* en donde se planteaba la trágica dirección de la educación americana. El tema de la educación llegó a convertirse en el principal símbolo de alarmas sociales, y asimismo eclipsó en gran medida los asuntos de índole teológica. La revista *The King's Business,* cuyo pesimismo había llegado a lanzar títulos como «Ya no existe la civilización cris-

---

[46] David Kennedy, *The Presbiterian,* enero de 1920.

[47] Curtis Lee Lewis, *Watchman Examirner,* julio de 1920.

tiana en ninguna parte del mundo» observaba que en las escuelas públicas «el demonio está extendiendo su veneno satánico, por lo que tenemos que hacer un país seguro para los niños». J. C. Massee decía en 1920, durante la conferencia de los bautistas norteños, que América se habla poblado de «falsos maestros, que son el mayor peligro al que nos podemos enfrentar hoy en día». Las escuelas, añadiría, estaban siendo plagadas por el modernismo teológico, por el racionalismo filosófico y por el materialismo vital. Massee, como buen fundamentalista, hacía uso de la Biblia: «Si queremos salvarnos, debemos impedir que nuestro Sansón sea despojado de la virtud y de la fe cristiana, y sucumba ante la brujería de una Dalila intelectual que le prive para siempre de su fuerza.» La idea de la civilización americana fue impulsada por A. P. Dixon, editor de *Los Fundamentales*. Dixon veía claramente conectados el tema escolar, el futuro de la civilización y el declive teológico propiciado por la evolución. Consideraba las tesis darwinistas como la gran amenaza a la civilización democrática, y en una curiosa interpretación de historia de la filosofía señalaba a los filósofos griegos como descendientes de Caín por haber sido los primeros en desarrollar la teoría de la evolución. Darwin había añadido la idea de la supervivencia del mejor adaptado y el derecho «de la ciencia de destruir al débil e inadaptado».[48] Tal pretensión de la ciencia era anticristiana desde el punto de vista ético. En este sentido, Dixon conectaba también la filosofía alemana, que estaba difundiendo y atacando la ética del cristianismo, con teorías tan «absurdas como las de Nietzsche».

Los principios cristiano-americanos se veían muy claramente a lo largo de su historia. Habían liberado a los esclavos,

---

[48] Dixon, *WXFA meeting of 1920*.

a «la pequeña Cuba de su gran opresor» y rescatado a Gran Bretaña y a sus aliados en la Guerra Mundial. Para Dixon y para otros, por tanto, la nación americana siempre había estado a favor de los débiles y en contra de los fuertes. Precisamente por eso, las teorías alemanas de filósofos como Nietzsche no sólo eran inaplicables en América, sino incompatibles con su tradición.

Las organizaciones de misioneros llegaron a ser un factor clave dentro del fundamentalismo. Dentro de los grupos bautistas y presbiterianos, las campañas de las misiones fueron ampliamente debatidas y financiadas. Las misiones, de alguna forma, eran como un símbolo del conservadurismo organizado, como una fuerza de unidad. Los fundamentalistas estaban extraordinariamente representados en las misiones. La formación de La Unión Bíblica de China en 1920 llegó a ser prácticamente una organización fundamentalista.[49]

La concepción fundamentalista de las misiones suponía que éstas servían básicamente para salvar almas, lo que contrastaba con posiciones más liberales que veían en ellas servicios de tipo social. Algunos fundamentalistas vieron en las misiones el camino idóneo para convertir el fundamentalismo en un movimiento internacional.

Sociológicamente, el fundamentalismo ha sido objeto de muchas interpretaciones. Richard Niebuhr, hermano de Reinhoid, postulaba que el fundamentalismo era básicamente el resultado de los desajustes sociológicos entre la religión urbana y rural.[50]

---

[49] A. Strong, *Tour of the Mission: Observations and Conclusions,* Filadelfia, 1918.

[50] Richard Nisbuhr, «Fundamentalism», *Encyclopaedia of Social Sciences,* Nueva York, 1937.

Para muchos historiadores, el antiintelectualismo de la era McCarthy estaba conectado con la cultura nacionalista y conservadora de los fundamentalistas. Norman Furniss publicó en 1954 *The Fundamentalist controversy*, en donde se señalaban todos los aspectos sociales del fundamentalismo al negarse a aceptar irracionalmente la teoría de la evolución.

La interpretación del fundamentalismo como efecto colateral de un viejo orden implicaba que el movimiento moriría cuando la transformación social se hubiese completado y las grandes luchas ideológicas apaciguado. William McLoughlin había sostenido que la sociedad americana se dirigía hacia un consenso de valores culturales que dejaría en absoluta marginalidad a todos los elementos disfuncionales del pasado. Cuando esto ocurriera, el mismo consenso iría variando gradualmente hasta dejar atrás sus propios patrones ya caducos. Según la opinión de McLoughlin, el fundamentalismo representa «las viejas luces que siempre aparecen en tiempos de cambio religioso».

El problema central a la hora de valorar el fundamentalismo como un fenómeno histórico está en saber en qué medida pertenece a una tradición conservadora o más bien a un anacronismo «pseudoconservador» como ha señalado Hofstadter.[51] Fundamentalistas e historiadores parecen estar sumergidos en un mismo error; ni el mundo se acerca al fin de su historia ni el fundamentalismo desapareció en 1925. En una cultura fragmentada como la americana, las cosas no desaparecen fácilmente. Por otra parte, una tradición religiosa pluralizada no permite la consolidación de una tendencia concreta. Ése fue tal vez el verdadero espejismo fundamenta-

---

[51] Richard Hofstadter, *Anti-Intellectualism in American Life*, Nueva York, 1962.

lista, la creencia en poder influir en la moral colectiva americana mediante legitimaciones del pasado mítico-fundacional.

Otro problema sobresaliente en la sociología del fundamentalismo sugiere el plantearse en qué medida el fundamentalismo sufrió una metamorfosis en su contacto con la sociedad. Parece razonable pensar que se nutrió de unas influencias sociales que terminaron transformando su orientación original. Por otra parte, el fenómeno coyuntural de la guerra contribuyó a intensificar los sentimientos de uno y otro bando, a aumentar las militancias y a endurecer la resistencia al cambio. La simbología del antievolucionismo no se entendería sin la coyuntura bélica y la proyección antieuropea.

En la crisis cultural de los años veinte hay que subrayar el conflicto entre el ámbito rural y el ámbito urbano en el que las posturas extremas resultaron mucho más visibles. A estos desajustes entre campo y ciudad hay que añadir los impuestos por la diversidad étnica. En este sentido, el fundamentalismo también es un debate étnico entre unos grupos con concepciones diferentes de su país. El patriotismo fundamentalista es, en este sentido, una búsqueda de la identidad nacional.

Los medios de comunicación consiguieron crear una conciencia nacional que superaba las preocupaciones locales. Los fundamentalistas intentaron adjudicarse la bandera de esta conciencia nacional organizando cruzadas comunes y creando una curiosa paranoia cultural en contra de enemigos de la nación y aliados del diablo. La opinión popular y los medios de comunicación contribuyeron enormemente a magnificar y sensacionalizar los sentimientos en esta tendencia del fundamentalismo.

La experiencia fundamentalista puede llegar a ser contemplada como la experiencia de unos americanos protestantes con sus tropos fundacionales anclados en las tradiciones anglosajonas. El primer liderazgo fundamentalista estaba constituido por un grupo de origen anglosajón, aunque bien es cierto que también habían algunos de procedencia alemana.[52] La mayoría de estos protestantes de Europa del Norte asentados en América no habían experimentado personalmente lo que significaba cruzar el Atlántico y rehacer su vida en una nueva tierra. Algunas causas habría que buscar para explicar ese proceso traumático de adaptación, pues lo cierto es que los individuos que se habían mantenido fieles a sus creencias en una época mítica, se encontraban ahora viviendo en una sociedad en la que tales creencias estaban consideradas como extravagantes.

En el problema de entender el fundamentalismo como rechazo del cambio social por parte de un grupo culturalmente adscrito al pasado hay que diferenciar entre la clase social media, profesional y pequeño burguesa, y la clase baja o rural. Tanto en el mundo campesino como en el obrero urbano, el cambio cultural del siglo XIX al XX se produjo de forma mucho más brusca que en el espectro social de la clase media, mucho más cosmopolita y capaz de entender el cambio como un proceso gradualizado.

Los fundamentalistas se encontraron como unos inmigrantes inadaptados. La diferencia con los inmigrantes es que éstos suelen ir a un país de forma voluntaria, mientras que los fundamentalistas tuvieron que experimentar la transición del Viejo Mundo del siglo XIX al Nuevo Mundo del siglo XX de forma involuntaria. Así, no sólo experimentaron una sensación de alienación cultural, sino que se sintieron llamados a

---

[52] WENGSR, *Social Thought in American Fundamentalism, 1918-1933,* University of Nebraska, 1973.

una defensa militante para instaurar el viejo orden mediante el empeño anacrónico de una Guerra Santa sin sentido. Tras esa metáfora bélica se encerraban el aislamiento intelectual, el extremismo, la incomprensión y la paranoia. La modernidad, además, comenzaba a amputar en la cultura el peso social de la religión. La comunidad ya no respetaba esa paternal influencia especialmente pesimista y retrógrada.[53]

---

[53] Paul Carter, *The Decline and Revival of the Social Gospel in America*, Ithaca, Nueva York, 1954.

Capítulo 2

LA PARANOIA DEL NATIVISMO

Como puntualizaba W. Herberg,[54] la historia americana puede ser reducible a un grupo de protestantes blancos que han ido siendo visitados por sospechosas comunidades de distintas confesiones o razas. La gran ironía de la historia americana de la que habla Niebuhr[55] no es más que el resultado de una serie de contradicciones o paradojas que parecen inherentes a esa policromía social. En la sociedad americana hallamos grandes cuotas de idealismo y de materialismo, las mayores tasas de delincuencia y de asistencia a iglesias, un alto grado de individualismo y de corporativismo, un amplio espectro social que reivindica causas concernientes a las minorías y otro no menos amplio que se preocupa del consenso y la mayoría, un federalismo tan sólido como centralista, etc.

Frente a este marasmo de contraposiciones, la Constitución emerge en un irreductible semillero de ambivalencias, mientras que los partidos políticos representan un conglomerado de posturas desideologizadas. Las tesis radicales, sin embargo, siempre se han visto repelidas por este particular consenso democrático-pluralista del que nos hablaba Tocqueville. Todos los intentos de crear terceros partidos radicales han fracasado estrepitosamente en un arco parlamentario donde

---

[54] Will Herberg, *Protestant, Catholic, Jew,* Anchar, 1955.

[55] R. Niebuhr, *The Irony of the American History,* Scribner, Nueva York, 1952.

no existe ni un partido socialista ni comunista representado. Las causas políticas de los movimientos radicales de derecha han hecho referencia frecuentemente al nativismo monista y/o, más escatológicamente, a la cristiandad. Ni el movimiento prohibicionista ni el abolicionista lograron crear un nuevo partido, mientras el Ku Klux Klan, llegando a contar con seis millones de miembros a principios de los veinte, vio con el tiempo cómo iba mermando el número de sus prosélitos, los cuales fueron pasando de un racismo explícito y concreto a un nativismo más genérico y abstracto. En los treinta, el padre Coughlin, con un populismo protofascista y antisemita, llegó a apoyar y fomentar un tercer partido que alcanzó solamente el dos por ciento de los votos.

La paranoia del comunismo ha sido otra constante que se une a la tradición nativista a partir de los años cincuenta. El senador Joseph McCarthy consiguió levantar una gran audiencia en pro de su cruzada contra la traición de las altas esferas de la administración, si bien en su efímera existencia (1950-1954) el macartismo no logró forjar ningún partido u organización.

A finales de los sesenta, el nuevo nativismo de George Wallace tampoco alcanzó una proporción considerable y, como tantos otros movimientos americanos, fue disipándose en un desprestigiado testimonialismo.

De esta forma, los movimientos nativistas y conservadores americanos pueden ser enmarcados dentro de la tónica general de una sociedad de movilidad paradigmática en la que surgen gran número de grupos y causas que no llegan a consolidarse en partidos. Pluralidad de etnias y religiones que no puede admitir más que acuerdos ambiguos en los que quepa todo; el sistema americano constituye, en este sentido, una forma de consenso.

Los grupos inmigrantes han tenido cabida en la sociedad americana (a pesar de los nativistas) con relativa facilidad. No todos los grupos inmigrantes, pero sí algunos, han ascendido socialmente con mucha mayor facilidad que lo hubieran hecho en otros paises europeos. En tales ocasiones, el protestantismo blanco ha sentido amenazado parte del patrimonio cultural que habían sacralizado los Pilgrim Fathers en su mítica fundación nacional. Esta latente paranoia ha caracterizado un peculiar extremismo de derecha. A estos principios fundacionales y axiológicos hay que unir los que conllevaba y fortalecía la expansión hacia el oeste, es decir, los principios del igualitarismo el individualismo y la democracia. Desde tales presupuestos fundacionales, el norteamericano, como hombre político y religioso, se ha mantenido soñando en el idealismo romántico de vivir en una sociedad buena.

Este sello puritano y altruista se vislumbra desde el comienzo de la historia de los Estados Unidos en distintas organizaciones de índole moralista o benéfica. Éstas siempre han tenido un cierto nivel de ambivalencia con respecto a las organizaciones y comunidades de inmigrantes: si de un lado han sido partidarias de integrar a todos los pueblos como hermanos ante Dios, de otro han sabido alimentar como nadie el prejuicio racial y la paranoia frente al invasor. Sin atender a esta doble vertiente de la psicología protestante americana, no se puede comprender la práctica de la violencia a la que han llegado algunas organizaciones nativistas.

Una de las primeras teorías de la conspiración de la historia americana la podemos encontrar en las postrimerías del siglo XVIII. Se trata de la amenaza que para los grupos puritanos suponen los iluministas franceses en su irrupción secularizante y profanadora de los principios cristianos. Como luego ocurriría con el fenómeno del macartismo, algunos federalistas aseguraban tener pruebas de infiltraciones perversas de estas organizaciones. Los iluministas conspiraban para el derrocamiento de «nuestra santa religión y de nuestro gobierno».

Esta primera conspiración de los iluministas se relacionaba con toda una serie de corrientes que aparecían como corruptoras de la juventud e impulsoras del ateísmo.[56] Los federalistas reclamaban del gobierno una postura encaminada a erradicar la conspiración maligna y extranjera. En contra del jacobinismo, los federalistas idearon las leyes de extranjeros y sediciosos en las que subyacía una explícita preocupación por las actividades conspiratorias, dando al presidente legitimidad para deportar a todo extranjero que juzgase peligroso para la paz y la seguridad de los Estados Unidos o que tuviera motivos para sospechar de sus maquinaciones secretas contra el gobierno. Seguramente por falta de pruebas delatadoras, como ocurriría también con el macartismo, esta precoz teoría de la conspiración americana de los iluministas fue disipándose al no ser secundada por el prejuicio popular. Tal imposibilidad de apuntar a unos conspiradores concretos provocó algo que se ha venido repitiendo con cierta frecuencia a lo largo de la historia de este país y que consiste en la opción —no exenta de prejuicio— de señalar a una comunidad étnica en su totalidad. Así, los iluministas fueron rápidamente asociados con los irlandeses y, más concretamente, con la Sociedad de Irlandeses Unidos, fundada en 1797. Esta organización se veía como una imitación de los jacobinos en Francia. El Partido Federalista —que comenzó su decadencia en 1800— trató enconadamente de apelar a los prejuicios po-

---

[56] Richard Hofstadter, *The Paranoid Style in American Politics*, Knopf, Nueva York, 1965.

pulares contra los inmigrantes irlandeses a los que consideraba diferentes no sólo desde un punto de vista racial o religioso, sino también por su forma de vida y por sus costumbres tan alejadas de la tradición «americana». Este impulso xenofóbico se manifestó en Nueva York en una sangrienta batalla campal entre nativistas e irlandeses el día de Navidad de 1806.

El movimiento antimasónico, como el antiirlandés y el antiiluminista, estaba en esa dirección conservadora de ideología protestante que veía amenazada su sacralizada nación. Sin embargo, como en el caso del Ku KIux Klan o del macartismo, tenía un aire populista, e incluso antielitista. Ellos veían —lo que no estaba del todo lejos de la realidad— que los masones estaban constituidos (como los iluministas) por los segmentos sociales más altos. La antimasonería había llegado a inculcar en algunos grupos protestantes una mentalidad que veía en los masones —como anteriormente en los ilustrados con los que se llegó a conectar— el paradigma de conspiración perversa que se propagaría a lo largo del país. Los masones, por su parte, habían explicitado su posición secularizante al considerar que el mundo moderno debía olvidarse de todo tipo de supersticiones, las cuales no eran otra cosa que resquicios de la sociedad feudal. No tenían reparo en manifestarse en contra de la idea que pretendía hacer de la sociedad americana una sociedad cristiana en sus fundamentos. En 1828, la paranoia popular antimasónica consigue formar un partido que acusa a los altos funcionarios de la administración de verse implicados en proyectos masónicos. En el mismo año, el comité del partido antimasónico diagnosticó en Massachusetts una clarísima relación entre los iluministas y los masones.[57]

____

[57] Charles Mccarniy, *The Antimasonic Party: A study of Political Anti-Masonry in the Tinited States, 1827-1840,* Annual Report of the American Historical Association by the year 1902, Washington, 1903.

El protestantismo evangélico, una vez más, acusó a los paupérrimos enemigos católicos de estar conspirando con los masones en contra de la religión americana y del republicanismo. La acusación del protestantismo reproducía la contraposición nativismo *versus* inmigrantismo, reino de la cristiandad americana frente a todas las demás etnias y religiones; en definitiva, mundo de Dios en América contra el diablo extranjero. La antimasonería, que fue un movimiento esencialmente organizado en la atmósfera puritana de Nueva Inglaterra, tuvo siempre una dimensión conservadora más cultural y popular que elitista y/o económica. Incluso se puede perfilar una dicotomía clásica entre lo urbano y lo rural, entre lo cosmopolita y lo provinciano, en la que la antimasonería estaría siempre con lo último.

Las poblaciones rurales aisladas, las zonas más depauperadas del campo, veían con desconfianza, desde su bucolismo, la corrupción y la perversión masónica del progreso en las grandes ciudades. Así, el Partido Antimasónico mostraba muy poco peso en las zonas urbanas. Conjuntamente con este ataque a la ciudad, el Partido Antimasónico manifestó una peculiar antipatía hacia la clase intelectual, a la que consideraba como una perversión que se desprendía del propio movimiento urbano. De ello surgió una retórica en favor de los humildes y desposeídos que emanaba de la naturaleza en una especie de panteísmo tan sencillo y directo como el lenguaje del Redentor.

En un panfleto del Partido Antimasónico se decía en 1834:

«Es el espíritu de la antimasonería el que hace elocuentes las lenguas de sus más humildes posesores; tanto es así, que el granjero ignorante, pero inteligente, inspirado por Él, resulta invencible para los doctos defensores de la orden secreta.»[58]

El Partido Republicano consideró la causa antimasónica de gran interés para sus propios objetivos, llegando a forjar una alianza. Esta incorporación en un sector conservador tan amplio significó, en gran medida, el fin de la antimasonería militante, ya que sus activistas principales dejaron de tener sentido político.

Para entender la división entre las clases políticas en los partidos americanos es preciso tener muy en cuenta el grado de complejidad que el problema ofrece. La atracción que el conservadurismo consiguió entre las clases populares con la antimasonería es un buen ejemplo de convivencia entre clases sociales radicalmente diferentes en un mismo partido. Este mismo caso se ha venido repitiendo en la sociedad americana cuando los proyectos políticos han sido alimentados por las distintas formas de monismo patriótico.

La prensa de ideología protestante comenzó en la década de 1830 a presentar a los extranjeros (especialmente a los católico-irlandeses) como peligrosos holgazanes y proclives a mendigar. Todo ello estaba fundamentado sociológicamente en los índices de delincuencia; en 1850, más de la mitad de los acusados de delitos penales habían nacido en el extranjero. También, lógicamente, la mayoría de mendigos o trabajadores de las capas sociales más bajas que recibían ayudas estatales entraban dentro de los considerados «extranjeros».

La prensa nativista también dedicó muchos escritos relativos a la supuesta inmoralidad del papa y de los jesuitas, llegando a inventar toda clase de historias acerca de los aconte-

---

[58] Citado en Lipset y Raab, *The Politics of Unreason,* Chicago Press, Chicago, 1970.

cimientos perversos que se desarrollaban en el interior de conventos y monasterios. Por su parte, los nativistas se auto-identificaban con una extraña tradición mítica de peregrinos, padres fundadores y verdaderos cristianos, contrapuestos a la degradada hierocracia católica, cuyos miembros miraban a la mujer desde el resentimiento que se sitúa más allá de la naturaleza del ser humano.

En 1854 se fundó el partido nativista más numeroso de toda la historia americana. Impulsado por la secreta orden nativista de la Bandera de las Barras y Estrellas, el Partido Americano cubrió el hueco dejado por el casi desaparecido Partido Whig. Los *wihgs,* unidos a los protestantes evangelistas, se vinieron abajo por la presión de los abolicionistas norteños, quienes les exigían explicar su postura contra la esclavitud. El Partido Americano, concentrándose en un ambiguo anticatolicismo y en un marcado nativismo, conectó rápidamente con un amplio sector moralista de la comunidad protestante. Su discurso, consecuentemente, pasó a ser de inspiración claramente religiosa.

La agresividad verbal y las actividades violentas que practicaron los nativistas, y que se repetirán un siglo después con el Ku Klux Klan, distaban mucho del carácter moderado del puritanismo de Nueva Inglaterra. En 1884 se organizaron motines en Filadelfia que terminaron con el incendio de una iglesia católica y produciendo un saldo de trece muertos. Todo ello estaba perjudicando notablemente la imagen nacional de los nativistas. Era también un ataque a la propiedad privada, cuya profanación podía escandalizar a un gran sector de la población conservadora.

Maniqueísmo reduccionista, agresividad contenida, los nativistas de las ciudades tendían a ser carreteros, mecánicos, carpinteros o recaderos cuyo voto iniciaba una ampliación en la participación política de un sector social tradicionalmente abstencionista. La experiencia del Partido Americano muestra cómo las tentativas intolerantes e irracionalistas del nativismo no podrían triunfar a nivel nacional. Éste es el punto clave a la hora de valorar la importancia de las organizaciones nativistas; el nativismo presionó a los grandes partidos conservadores para crear un marco que se orientaba a defender sus causas de una forma implícita y sin hacer ostentación de ello. Otro factor importante que explica la muerte del Partido Americano fue la cuestión de la esclavitud, pues cuando el partido afrontó las elecciones de 1856, el Congreso Nacional adoptó una plataforma proesclavista y las secciones del norte se retiraron. A partir de ese momento, el partido pasó a ser un movimiento básicamente sureño ya que en el norte fue absorbido por el nuevo Partido Republicano. Por su parte, el Partido Demócrata seguía atacando todo lo que tuviera que ver con el nativismo militante.

Paradójicamente, el abolicionismo representó el mayor símbolo moralista de los protestantes puritanos de Nueva Inglaterra. La obsesión cristiana del sentimiento de culpa, en el plano más nietzscheano de la palabra, había encontrado en la esclavitud el principal pecado nacional. Los dirigentes del movimiento puritano-abolicionista procedían en su mayoría de Nueva Inglaterra y habían sido impulsados por intelectuales procedentes del trascendentalismo[59] que, no tomando parte directa en el movimiento, habían publicado artículos que lo favorecían y le daban un contenido ideológico. Los dirigentes abolicionistas mostraban características típicas del

---

[59] Atine C. Rose, *Trascendentalism as a Social Movement 1830-1850*, Yale University, 1975.

mundo rural. Pertenecían, eso sí, a familias prósperas o terratenientes, lo que les conectaba, a través de las generaciones, con un mundo muy cerrado y tradicional. Pocos abolicionistas procedían de las grandes ciudades. De hecho, era frecuente encontrarse en sus discursos y escritos con el reflejo de una moralizante antipatía por la gran ciudad.

El extremado entusiasmo moral que impulsa el surgimiento abolicionista no puede atribuirse, por lo tanto, a los grupos desplazados de inmigrantes, sino a las sectas más conservadoras del protestantismo. En el otro contexto, en el del Sur, los dirigentes partidarios de la esclavitud, sujetos a una especie de teoría de la predestinación calvinista, afirmaban que si la esclavitud existía, no era por culpa de los hombres, sino por orden de Dios. Desde esta óptica, el esclavo aparecía para los dirigentes sureños antiabolicionistas en una providencialista degradación, legitimada a través de lo divino. Dios condenaría a quienes estaban criticando la moral del Sur. Esta separación entre el Sur y el Norte significa también una histórica escisión entre las iglesias presbiterianas, bautistas y metodistas, al defender la abolición en el Norte y la esclavitud en el Sur.[60]

Esa lucha entre Satanás y Dios, ese empecinamiento radical de ambas partes, es uno de los impulsos más importantes que propugnaron la guerra civil. La esclavitud aparecía como un problema moral que no podía resolverse con palabras. El marco del protestantismo es el escenario donde se bipolarizaron y encresparon las posturas, ya que, paradójicamente —teniendo en cuenta su situación de «inmigrantes»—, ni judíos ni católicos entraron realmente en ninguno de los bandos.

---

[60] W. J. Cash, *The Mind of the South,* Doubleday-Anchor, 1954.

En el período que va desde la guerra civil hasta la Primera Guerra Mundial, las cruzadas protestantes no cesarán de lanzar un paranoico grito monista contra los inmigrantes en general, haciendo especial referencia a los católicos. A los católicos se les acusó por su antipatriotismo y por haber fomentado la división del país durante el conflicto. Para colmo, se llegó a argumentar y a difundir que el asesinato de Lincoln había sido el resultado de una conspiración católica.

Las posturas de los partidos Republicano y Demócrata se vieron también enfrentadas en el tema educativo. Dada la tradición católica —y particularmente jesuita en el terreno educativo—, los católicos habían propuesto la obtención de fondos públicos para sus escuelas. Intenciones que se vieron secundadas por parte del Partido Demócrata, pero que fueron rechazadas por los republicanos. En 1875, en el Estado de Indiana, como había ocurrido antes en alguna otra convención republicana, se planteó que los católicos, al depender de una institución extranjera como es la Iglesia romana, no debían tener derecho ni al voto ni a la ciudadanía. El nativista Ulysses S. Grant declaró que los católicos traerían una nueva guerra civil en la que lucharían contra el patriotismo. Desde sus alas más monistas, el Partido Republicano no tardó en acusar al Partido Demócrata de estar progresivamente unido a los católicos. En esa suposición, los católicos se estaban adueñando del partido y lo estaban poniendo a las órdenes de Roma.

La contrapropuesta de los protestantes y de algunos sectores republicanos a la concesión de fondos públicos para las escuelas católicas estaba en la posibilidad de que se leyera la Biblia en las escuelas públicas. Actividad que denotaba una clara connotación protestante y a la que los católicos se habían opuesto argumentando en favor del pluralismo político.

Con la misma ritualización de las sociedades secretas y con el mismo exotismo del Ku Klux Klan, se fundó en 1887 la Asociación Protectora Americana. Llegando a contar con más de 2.500.000 simpatizantes, fue la organización anticatólica más numerosa fuera del Sur. Uno de los actos solemnes para ingresar en la organización consistía en el juramento de no votar jamás a un católico. Esta organización se caracterizó por sus constantes calumnias y documentos falsos delatando supuestas conspiraciones. En 1893, por ejemplo, la organización hizo correr el rumor de que el papa había escrito una carta ordenando a los católicos exterminar a todos los herejes que encontraran dentro de la jurisdicción de los Estados Unidos de América. Otra de las razones que explican el ascenso de la organización es el hecho de que muchos católicos empezaron a conseguir posiciones sociales de gran prestigio. De esta forma, toda una ideología nativista —que caía sistemáticamente en el prejuicio de considerar a los católicos como sucios mendigos y holgazanes— se venía abajo ante la aparición de católicos médicos, arquitectos, ingenieros, editores, etc.[61]

En el otro flanco, en el de la clase obrera, también se produjo una efervescencia en favor de la Asociación Protectora Americana. La crisis de 1883-1886 había creado mucho desempleo y ello cambió la actitud de muchos obreros que comenzaban a ser partidarios de paralizar las inmigraciones. En 1887, una encuesta realizada en Wisconsin mostraba que aproximadamente la mitad de los obreros encuestados pensaban que la inmigración estaba perjudicando su trabajo. La fuerza más importante de la Asociación Protectora Ameri-

---

[61] Thomas J. Jenkins, *The APA Conspirators,* Catholic World, LVII, 1956.

cana estaba centrada en las ciudades del Medio Oeste, donde existía un gran peso católico. En el Medio Oeste, la organización llegó a practicar la curiosa estrategia de relacionar a los dirigentes sindicales con los católicos. Los católicos, según tal hipótesis, estaban fomentando las huelgas desde la dirección de los sindicatos. El fracaso de muchos bancos fue atribuido también a los católicos y a sus conspiraciones para tomar el poder de la nación. En la propaganda de la Asociación Protectora Americana se advertía a los protestantes que evitaran todos los sindicatos dominados por papistas y que no se dejaran embaucar por las huelgas organizadas por católicos.[62]

En los últimos lustros del siglo, la paranoia nativista comienza a dilatar sus campos de batalla: no sólo se han poblado las babélicas ciudades de católicos, sino que se empiezan a instalar también en ellas toda una serie de polifacéticos y avispados judíos capaces de abrirse camino en el mundo de las finanzas. El antisemitismo se hace notar de una forma mucho más larvada e invisible que el anticatolicismo.

La dicotomía campo-ciudad se vuelve a acrecentar con los judíos, ya que —como en el: caso de los católicos— apenas existe una comunidad judía rural Al igual que los católicos, los judíos fueron siendo mal vistos por las organizaciones nativistas, al tiempo, que se iba gestando una de las más sofisticadas teorías de la conspiración. Su estructura organizativa no era ni tan piramidal ni tan dependiente de una jerarquía extranjera como la del catolicismo, pero en contrapartida, estaban envueltos en los prejuicios de una tradición que se re-

---

[62] En sus orígenes, la Asociación Protectora Americana tuvo numerosos miembros entre los ferroviarios. De hecho, estuvo considerada durante algún tiempo como una organización de ferroviarios.

montaba hasta los ancestros genéticos de la cristiandad.[63] Desde el mundo rural se veía al judío como un malévolo personaje especulador y prestamista. Prejuicio que iría alimentando la imagen del judío como representante de los bancos y, paradigmáticamente, de Wall Street.

Los dirigentes nativistas potenciaron todo tipo de estereotipos en la mentalidad de los campesinos, llegando éstos a conocer los primeros apellidos de la banca internacional como los Seligman, Speyer, Rothschild, etc. Este antisemitismo rural fue convirtiéndose lentamente en una forma de conspiración internacional para la mayoría de los nativistas. En la élite social, la paranoia del nativismo antisemita se vio reflejada en la tajante exclusión de judíos de todo tipo de asociaciones o clubs, sin reparar en su condición social ni en ninguna otra característica que fuera más allá de la raza. La pecaminosa relación de los judíos con el dinero se había conectado con una finisecular y maliciosa llegada de la plutocracia Plutocracia que, por otra parte, evocaba un sistema de creencias materialistas; y, por tanto, lejano al puritanismo ascético de los protestantes.

Hasta llegar al consolidado Ku Klux Klan de los veinte, algunas organizaciones como la Orden de los Mecánicos Unidos Americanos —o la que propiciaría Tom Watson con su Partido del Pueblo— van a sobresalir en la historia del nativismo americano. La Orden de los Mecánicos Unidos Americanos llegó a contar con 224.000 miembros en 1914. Siguiendo las líneas nativistas de la Asociación Protectora Americana, se caracterizó por sus intentos de potenciar los

---

[63] Oscar Handlin, *American Views of the Jew at the Opening of the Twentieth Century*, Historical Society, 1951.

negocios americanos, de disminuir los foráneos y de acusar reiteradamente a los sindicatos «gobernados por católicos».

Tanto la Asociación Protectora Americana como otras organizaciones nativistas y/o fundamentalistas posteriores se han concentrado en las zonas del Medio Oeste y en las áreas rurales del Sur. Estos sectores geográficos —en los que tendrá también incidencia la Nueva Derecha Cristiana— se han conocido popularmente con el término *Bible Belt* (Cinturón Bíblico), lo que de nuevo nos introduce en el paisaje rural del protestantismo americano tradicional.

El líder sureño Tom Watson constituye una de las figuras más radicales del nativismo de principios de siglo. En 1910 fundó la revista *Watson's magazine,* desde donde se dedicó a atacar a negros, judíos y católicos, considerando a la Iglesia católica como «da institución más peligrosa del mundo». También acusó desde su revista a los periódicos del potentado Hearst (hombre en el que se basaría la película de Orson Welles *Ciudadano Kane)* de reflejar una especie de confabulación entre los sacerdotes romanos y los judíos de Wall Street.

En medio de este marasmo en el que coinciden los primeros escarceos ideológicos de la Guerra Mundial con una intensificación del monismo decimonónico como reacción a las nuevas olas inmigratorias, se consolida y se hace visible, en el nuevo marco americano, el segundo Ku Klux Klan. El Ku Klux Klan llegó a contar con seis millones de miembros, alcanzando el 17 por ciento de la población adulta varonil y el 27 de la protestante. Su asentamiento más espectacular se produjo en los estados de Oregon, Oklahoma, Texas, Arkansas, Indiana, Ohio y California, donde llegaron a dominar durante algún tiempo. También en el cinturón bíblico» su presencia fue importante.

En el censo de 1920 quedó reflejado que estaba ocurriendo un fenómeno sin precedentes. El número de habitantes que vivían en las ciudades era superior al que vivía en las zonas rurales. Las áreas urbanas, simbólicamente, se convirtieron en los centros culturales judíos y católicos, mientras que los protestantes iban perdiendo influencia y cargándose de un cierto resentimiento. Con todo esto, se puede considerar la década de los veinte como un periodo histórico en el que se produce una especie de revolución cultural joven, pluralista, cosmopolita y secular, que no parece tener continuidad hasta la década de los sesenta.

Frente a esa revolución cultural de la pluralidad urbana, el segundo Ku Klux Klan organizó una de las cruzadas moralistas más intolerantes y agresivas que se han podido detectar en la convulsiva historia americana. El Klan vio en estos cambios juveniles una amenaza para salvaguardar los anteriores códigos morales y una clara conexión con el modernismo.[64]

El segunda Ku Klux Klan se fundó en Georgia en 1915 y desde el principio se concentró en los temas morales, postergando las cuestiones estrictamente relacionadas con los negros del Sur y con la supremacía de la raza blanca.

Este nuevo nativismo cultural incluía polémicas como la propiciada por la música de jazz. Henry Ford insinuó —a lo que se añadieron algunos miembros del Klan— que uno de los principales problemas de la juventud, junto al del alcohol y el sexo, estaba en esa «absurda mezcla de sonidos llamada jazz que se está convirtiendo para algunos en la música nacional».

---

[64] Arnold Rich, *The Ku Klux Klan in American Politics,* Washington, Public Affairs Press, 1962.

Curiosamente, como decía T. Adorno, la popularización de la música de jazz en América encierra una cierta paradoja. Por una parte, la sociedad de masas requiere un consumo musical reconocible y fácil, típicamente localizado en los tocadiscos de los bares o en las emisoras de radio. De otro lado, ese reconocimiento implica la idea de la repetición: sólo reconocemos aquello que hemos estado escuchando reiteradamente como objeto de consumo. El jazz, basado en la improvisación, no podía ser comercializable, precisamente porque no podía ser «reconocible» en la improvisación. Sin embargo, algo de esa música comenzaba a encontrarse en toda la música urbana americana. Además, como insistía Henry Ford, el jazz evolucionaba hacia esquemas atonales y salvajemente polirrítmicos, en los que se encerraba la metáfora del mundanal ruido y de la perversión.[65]

El segundo Klan y, en general, el discurso nativista de los veinte, ha dejado atrás sus violentos exotismos sureños y ha optado por un sutil moralismo de corte protestante que denuncia las inmoralidades sociales o, que, simplemente, como en el caso del jazz, amonesta las tendencias culturales que se apartan del «americanismo».[66] Socialmente, la procedencia de los miembros del Klan es muy baja, sobre todo entre aquellos que viven en las ciudades. Suelen ser campesinos urbanizados que alardean de un patriotismo antiintelectual de nuevo cuño.

En la década de los veinte se produce también el primer brote anticomunista en los Estados Unidos. Hemos incluido el anticomunismo en este capítulo sobre el nativismo porque

---

[65] Algunos músicos como Miles Davis han declarado en favor de esa asociación *entre el jazz y la gran ciudad*: «Mi música es un reflejo de las luces de Nueva York.»

[66] Charles O. Jackson, *The Ku Klux Klan 1915.1924*, Emory University, 1962.

el anticomunismo es, en cierta medida, una forma de nativismo. En primer lugar porque quienes lo profesaron vieron en el comunismo algo extranjero que amenazaba el sistema americano en sus vertientes cultural, religiosa y económica. En segundo lugar, es importante contemplar el anticomunismo como una forma relacionada con el nativismo, porque ha sido fomentado con frecuencia por grupos nativistas de la vieja estirpe. El Ku Klux Klan, por ejemplo, se proponía eliminar a los agentes bolcheviques que, en su opinión, tenían una gran base entre los inmigrantes de las ciudades. Cruzada que han seguido practicando otros grupos religiosos nativistas a lo largo de la historia americana.

De hecho, como ha venido ocurriendo en otros casos de paranoia nativista, no se tardó en relacionar a los comunistas con un grupo étnico concreto. El *Chicago Tribune* publicó un artículo de fondo sosteniendo que el bolchevismo era un invento judío para hacerse con la nación. La idea del internacionalismo comunista casaba perfectamente, para los nativistas, con la dispersión judía en muchos países, lo que corroboraba felizmente su hipótesis. Henry Ford también se apuntó a esta cruzada y llegó a escribir un libro en 1922 titulado *El judío internacional, el gran problema del mundo*. El libro se distribuyó con mucha fuerza por todo el país y en él aparecían tesis tan originales como la que suponía judíos a todos los dirigentes bolcheviques, incluyendo a Lenin. Para el periódico de Henry Ford eran, en su callada perversión los que habían organizado las conspiraciones anteriores como las de iluminados y masones.

El nativismo de la década de los treinta está necesariamente ligado al extremismo de la depresión. Durante este período hay que notar que las inmigraciones se redujeron enormemente. En primer lugar por el éxito nativista alcanzado con la ley de inmigración que limitaba la llegada de nuevos inmigrantes, y en segundo lugar debido a la propia depresión que no fomentaba precisamente el empleo. El Partido Demócrata estuvo forzado a reaccionar con un apreciable giro hacia la izquierda, así como a tener ciertos coqueteos con los movimientos sindicales. A estas tendencias izquierdistas, la derecha respondió con un contramovimiento basado en asociaciones extremistas que en ocasiones eran muy locales y en otras conseguían estructuras más masificadas. Algunas de estas organizaciones van a tener un carácter relacionable con el fascismo o el nazismo. Las organizaciones nativistas de los treinta se asemejan al Ku Klux Klan tanto en su forma como en su contenido. Tal es el caso de la Legión Negra que, fundada por antiguos miembros del Klan, adoptaba sus mismos ritos y juramentos religiosos para defender a Dios y a la Constitución americana frente a católicos, judíos, comunistas, negros y extranjeros.[67] Otro ejemplo de movimiento nativista en esta década lo constituye el que fundó el fundamentalista Gerald B. Winrod. Sin dejar nunca el tono moralista que luego tendrán Falwell y otros miembros de la Nueva Derecha Cristiana, Winrod se lanzará a criticar a Roosevelt, al que considerará tan judío como comunista.

Los Camisas Plateadas es otra organización que irrumpe en la escena americana de los treinta. Más próximo al fascismo que al nativismo, William Dudley Pelley se declaraba entusiasmado promotor de la dictadura, así como del uso de la violencia y de la supresión de la democracia y de los sindicatos.

De esta forma, los movimientos nativistas de la década de los treinta como la Legión Negra, el del reverendo Winrod, o

---

[67] Lynn Dolgin, *The Black Legion: A Study of the American Nativism during the 1930's*, Michigan, 1967.

el de los Camisas Plateadas, tienen el común denominador de un trasfondo cultural fundamentalista y una aceptación, en mayor o menor grado, del nazismo o el fascismo. Ninguno de estos movimientos llegó a consolidarse ni social ni políticamente. Sus dirigentes procedían del mismo medio socio-cultural que la mayoría de sus partidarios y antecesores, lo que puede explicar la falta de capacidad organizativa y de preparación que mostraron.

Además de estos tres movimientos de los treinta, es preciso mencionar también el del padre Coughlin, pues se configura como un clara precedente de la Nueva Derecha Cristiana de los setenta al iniciar lo que se ha venido a llamar «iglesia eléctrica». La «iglesia eléctrica» consiste —como veremos en el capítulo siguiente— en llevar la política y/o la religión a los medios eléctricos como la radio y la televisión. Coughlin, con un discurso marcadamente demagógico y populista, reproduce los mismos ademanes neuróticos que los personajes de películas como *Sangre sabia*, *La noche del cazador* o *La noche de la iguana*. Este pionero de la electricidad religiosa llegó a crearse una audiencia considerable hablando contra la plutocracia americana. Durante el primer año del gobierno de Roosevelt, Coughlin apoyó al presidente, aunque le sugería una especie de capitalismo socializado o capitalismo de Estado para solucionar el problema de la distribución.[68]

En 1953 deja de apoyar al presidente y opta por una política de clara tendencia fascista. Propugnando entusiasmado el modelo político de la Italia fascista, acusó a la mayoría de los políticos de ser agentes comunistas y terminó en 1939 propo-

---

[68] Eleanor Papermo, *Father Coughlin: A Study in Domination*, Wayne State University 1939.

niendo la abolición de todos los partidos políticos. La atipicidad del conservadurismo religioso de este predicador estriba en que, a diferencia de los líderes nativistas, Coughlin era un sacerdote católico. Esto significaba que sus seguidores ofrecieran un discurso político bien distinto al nativista conservador tradicional. Es curioso en este sentido, que un padre católico tuviera éxito radiofónico, no sólo por la estructura piramidal y ritualizada del catolicismo, que no parece permitir tanto este tipo de líder que se inmiscuye en política por su cuenta y riesgo, sino también por el hecho de que todos sus sucesores de «la iglesia eléctrica» han sido protestantes.

En la década de los cincuenta nos encontramos con la figura de Joseph McCarthy y con su obsesiva cruzada anticomunista. El macartismo de los cincuenta nos interesa especialmente porque inicia una campaña que precede en muchos sentidos a los grupos de la Nueva Derecha Cristiana de los setenta al profesar una sacralización del anticomunismo. Paralelamente al impulso económico que se produce después de la guerra, la sociedad americana vivía presa de una cierta inquietud en cuanto a política internacional. En 1949 China había pasado a ser un país comunista, así como otros países del Mediterráneo y de la Europa occidental. Para colmo, la guerra de Corea obligó a plantearse el problema del comunismo a un nivel popular. La procedencia social de McCarthy no difiere mucho de la de los líderes fundamentalistas de la tradición americana. Nacido en una granja de Wisconsin, comenzó a atacar el comunismo con hipótesis y acusaciones tan sorprendentes como la de la famosa lista de conspiradores dentro del gobierno:

«Aunque no tengo tiempo para nombrar a todos los hombres del Departamento de Estado que han sido señalados como miembros del Partido Comunista, tengo aquí en la mano una lista de 205 que son conocidos por el secretario de Estado como miembros del Partido Comunista y que siguen trabajando en el Departamento de Estado.»[69]

McCarthy nunca formuló un programa económico general o una estrategia política sistemática. A pesar de ello contó con el apoyo financiero de ciertos sectores conservadores del Partido Republicano. Su grito argumental apuntaba hacia una conspiración sin precedentes en los Estados Unidos; una conspiración en las propias entrañas del gobierno. Esto movilizó o inquietó a una gran masa ansiosa de conocer la oculta cara del enemigo que se hallaba durmiendo en casa. Hay que contemplar el macartismo no como un fenómeno de masas (ya que nunca se organizó como tal ni formuló programa alguno de gobierno), sino como algo que emergió de una *coyuntura* muy concreta y dentro de una tradición de paranoia del invasor que se remonta, como hemos visto, hasta los iluminados y masones. Curiosamente, el enemigo de la nación y de la Cristiandad ya no estaba identificado con ningún grupo étnico, sino que su presencia era la de un fantasma con ideología internacional. A pesar de sus connotaciones católicas (McCarthy, como Coughlin, era católico) subyace en el macartismo un legado religioso-moralista nada nuevo en la tradición puritana americana. Como decía el propio McCarthy:

«La gran diferencia entre nuestro mundo cristiano occidental y el mundo ateo comunista no es realmente política, es moral.»[70]

---

[69] Citado en Richard Rovere, *Senator J. McCarthy*, Nueva York, Meridian, 1960, *p.* 125.

[70] *Ibid.,* 123.

En 1956, entre los políticos del Partido Demócrata se empezaba a hablar del joven senador de Massachusetts, John F. Kennedy, como posible candidato a la presidencia de los Estados Unidos de 1960. El ayudante más estrecho de Kennedy, Theodore Sorensen, preparó una memoria que se distribuyó entre algunos miembros del partido en la que se argumentaba sobre las ventajas de elegir a un candidato católico. Sorensen resaltaba el hecho de que la gran mayoría de los católicos votarían por él, pudiendo ganar las elecciones si se jugaba bien esa baza. El pensar en Kennedy para la candidatura era por lo menos sorprendente teniendo en cuenta tres factores. En primer lugar, su juventud, cosa que suponía precocidad para muchos. En segundo lugar, su relativa distinción en el Senado y, por último, sin duda lo más importante, Kennedy era católico y ningún presidente americano había sido católico.

Para llegar a la Casa Blanca siempre ha sido un requisito el no pronunciarse con demasiada explicitud en favor de una tendencia religiosa, económica o ideológica. La ambigüedad ha sido, en gran medida, el arma más importante de los políticos americanos y si bien es cierto que el Partido Republicano se ha asociado con algunos sectores determinados de la sociedad y que el Partido Demócrata lo ha hecho con otros, los límites se perfilan cada vez más difusos.

Sobre cualquier tema que se toca durante la campaña electoral, el político americano tiene que darse cuenta de que le están escuchando a la vez judíos protestantes (con todas sus denominaciones), católicos, negros, portorriqueños, chinos, etc. Pero en el caso de Kennedy, el ser católico, como el ser negro o judío, hablaba por sí solo. Kennedy tenía que demostrar «claramente» que ser católico no significaba en absoluto estar presionado por el papa, prejuicio impensable en un país como España, pero curiosamente generalizado en América.

La dicotomía tradicional, que va desde el conflicto que produjo la guerra civil hasta 1928, fue restablecida en los años treinta y cuarenta en forma de una combinación republicana, formada mayormente por la clase media-alta protestante, a la que se enfrentaba otra de signo demócrata, constituida por trabajadores urbano-industriales fundamentalmente católicos. La extensión generalizada de la clase media tendió a aniquilar esas viejas distinciones de partidos. Cuando Kennedy hace su aparición en la escena nacional, en 1956, había más trabajadores de cuello blanco que obreros y agricultores juntos. En la esfera internacional, el voto americano había dejado de ser también reflejo de la procedente condición social del votante. Los nuevos problemas diplomáticos y de defensa, el reconocimiento de China comunista y el programa de misiles habían complicado la situación lo suficiente como para no poder ser explicada en términos de estatus y de clase social.

Si a todas estas transformaciones sociopolíticas añadimos la galopante movilidad geográfica y social de los negros, el alza del nivel educativo y el uso de la televisión por los candidatos a la presidencia, podemos concluir que el haber pensado en Kennedy como candidato demócrata era, en gran parte, resultado de esa nueva sociedad. Joven, de sonrisa fácil, casado con una mujer atractiva, Kennedy era la perfecta imagen del «hombre televisivo».

Pero, ¿en qué medida podía afectar a su imagen el hecho de ser católico? A modo de primer acercamiento, veamos esta tabla recogida por el Roper Center en 1958 y que responde a la pregunta: «Si su partido nominara para la presidencia a un católico bien cualificado, ¿votaría por él?»:

	Protestantes	Católicos	Judíos
	%	%	%
Sí	59,20	92,12	76,06
No	39,73	3,08	14,08
No sabe	9,46	3,77	9,86

Fuente: Roper Center, Yale University.

Teniendo en cuenta que en la pregunta hay dos importantes razones para votar afirmativamente («su partido», «bien cualificado»), el porcentaje de votación negativa por parte de los protestantes, cerca del 40 %, es muy alto, pues significa que ese porcentaje votaría negativamente a cualquier católico por el mero hecho de serlo.

Kennedy, que únicamente cursó estudios en un colegio católico durante un año, respondía a una educación protestante, sobre todo por sus años en Harvard. A pesar de su catolicismo sincero, estaba dispuesto a decir lo que los electores necesitaban saber para disolver sus prejuicios. Por muy agudas y punzantes que fueran las preguntas de los periodistas, Kennedy tenía que dar la cara sin ponerse demasiado a la defensiva y sin salirse por la tangente. Durante un congreso federal en 1958 dijo: «Hay un viejo proverbio en Boston que dice que nosotros tenemos la religión de Roma y la política de casa» (proverbio que en inglés rima: *Rome, home).* En el mismo año declaró a un periodista de la revista *Look:* «Yo creo, como senador, en nuestra Constitución, y pienso que la separación de Iglesia y Estado es algo que pertenece a la herencia y a la concepción americana.»

De forma bastante evidente, en 1928, Al Smith había alimentado el prejuicio popular. La imagen de Smith, citando clásicos y encíclicas, devenía en estos años un anacronismo total. Kennedy se dio cuenta de que no se trataba de seguir la política inflexible de su predecesor. Por eso, desde el principio hasta el final, no habló nunca de temas teológicos ni religiosos en sí mismos, sino que se limitó estrictamente a los de naturaleza política. Algunas de sus declaraciones empezaron a ser duramente criticadas por la prensa católica, cosa que no cambió en absoluto su actitud.[71]

Para algunos, estas declaraciones eran puros juegos de imagen; para otros, Kennedy era un buen político pero un mal católico, o, lo que es peor, un político que utilizaba algunas ventajas de ser católico para la política. Quizá lo más lógico era pensar que su catolicismo era simplemente nuevo. El suyo era un catolicismo tolerante, no como el de algunos irlandeses de la tradición de Boston, ni como el de tradición francesa, donde la Iglesia es una herencia familiar para servir los bautizos, las bodas y los funerales. Como dice W. T. H. White:

«Yo nunca hablé de religión con él, excepto en términos práctico-políticos, en la campaña de 1960. Su fe católica era algo muy personal y cercano a la nueva izquierda católica intelectual europea, en la que aparecieron los partidos demócrata-cristianos, y en donde las perspectivas de un Estado próspero están unidas a un sentido de concordancia con los débiles y a un cierto desdén por el hombre conservador y autosuficiente.[72]

De recibir ataques por parte de los protestantes, de estar acosado por unos y otros periodistas, Kennedy pasó al contraataque. Al fin y al cabo, el hecho de que algunos protestantes le atacaran sistemáticamente por el mero hecho de ser ca-

---

[71] Entre otros periódicos, «L'Osservatore Romano».

[72] Theodore H. White, *The Making of the President*, 1964, página 21.

tólico, no solamente era injusto, sino inconstitucional. Como dice Sorensen: «Su actitud fue siempre la de respetar la independencia y la Constitución mucho más de lo que parecían hacerlo los protestantes.»[73] Preguntado en Los Ángeles, en 1959, si un protestante podría ser elegido en las elecciones de 1960, respondió Kennedy, siguiendo el sentido del humor: «Bueno, si se define claramente con respecto a la separación entre Iglesia y Estado, yo no veo por qué se le debería discriminar.»

En 1960, en una convención luterana, hubo la primera reacción desde el interior del protestantismo «Por un lado, tenemos el comunismo; por otro, el catolicismo. ¿Vamos a seguir con ellos? ¿Vamos a dejar que nuestros principios democráticos sean amenazados por estos sistemas totalitarios?»[74]

Con todo ello, con incipientes simpatías y temores protestantes, llegó en Wisconsin el primer examen importante para Kennedy. En Wisconsin, el 32 por ciento de la población era católica, cosa que se tenía que notar en los resultados de la votación. Kennedy ganó en esta primera fase con una ventaja no lograda antes por ningún otro candidato: «El señor Kennedy ha demostrado en Wisconsin que es fuerte en los estados con mayoría católica; ¿creará esto una reacción protestante?»[75]

Más que nunca, Kennedy tenía que conseguir convencer a la opinión pública de que sus éxitos no venían ni vendrían exclusivamente del voto católico. Esa asociación con el voto católico de forma tan directa jugaba en contra de cualquier aspiración a la presidencia. Para llegar a la presidencia, Kennedy

---

[73] T. Sorensen, *Kennedy*, 1962, *p.* 153.

[74] *Christian Heitage*, 190,. vol. 48.

[75] James Reston, *New York Times*, abril de 1960.

necesitaba pronto la victoria en algún estado mayoritariamente protestante.

Aparentemente, el Estado de West Virginia no era una
buena oportunidad para Kennedy. Su oponente, Hubert
Humphrey, estaba muy bien considerado por sus relaciones
con los sindicatos. Por otra parte, solamente el 3 por ciento
de la población era católica.

En West Virginia, el problema del catolicismo de Kennedy
se planteó de una forma nueva. Muchos iban a votarle porque
consideraban injusta su descalificación atendiendo únicamente al factor religioso:

«La actitud de Kennedy indujo a crear simpatías entre las
grandes masas de West Virginia, que creían que la religión no
debía jugar parte determinante en la elección.»[76] Por este mo-
tivo, o por otros tal vez inexplicables, el caso es que el senador de Massachusetts derrotó con una ventaja considerable a
su oponente Humphrey. La sorpresa fue tan grande que, para
algunos críticos como Fenton, el hecho de que Kennedy fuera
católico tenía que ser, de alguna forma, una ventaja en este
caso: «Los resultados de West Virginia mostraron que la religión de Kennedy no era un obstáculo, sino todo lo contrario:
una notable ventaja.»[77]

El 21 de mayo, Kennedy ganaba su octava primaria derro-
tando a Wayne Morse, otro protestante, en su propio Estado
de Oregón. Kennedy se prefiguraba como la opción definitiva
del Partido Demócrata. Con la excepción del senador de
Missouri, Stuart Symington, su partido parecía no dudar por

---

[76] John H. Fenton, *The Catholic Vote*, p. 142.
[77] *Idem.*

más tiempo su candidatura para la nominación. Efectivamente, mientras una debilitada oposición se preocupaba de frenar su candidatura, los delegados de la convención demócrata concedieron a Kennedy la nominación, frente a la escasa rivalidad que ofrecieron Lyndon Johnson, Humphrey y Adlai Stevenson.

En el discurso de aceptación de la nominación, Kennedy, una vez más, clarificó delante de todos los telespectadores de la nación los temas concernientes a la separación Iglesia-Estado. Reconoció que el Partido Demócrata, nominando a un católico, había optado por lo que muchos veían como un riesgo. Los americanos podrían «rendir su libre juicio» y ningún americano «considerando los críticos temas del país, perderá su voto a favor o en contra de mí solamente por mi condición religiosa. Yo estoy diciéndoles ahora lo que ustedes tienen derecho a saber: que mis decisiones sobre cualquier asunto político serán las mías propias, como americano, como demócrata y como hombre libre»[78]

Nixon, que había salido victorioso en el Partido Republicano, no utilizó durante la campaña el tema religioso como arma de ataque. A pesar de ello, la pugna tenía que continuar cuando el 7 de septiembre, una fundación primordialmente de clérigos llamada «Asamblea Nacional de Ciudadanos para la Libertad Religiosa», con ciento cincuenta ministros y seglares, incluyendo el famoso Norman Vincent Peale (autor del libro *El poder del pensamiento positivo*), firmaron un manifiesto insistiendo en que Kennedy era inaceptable para la presidencia, «porque ningún católico puede ser libre de la jerarquía católica». En esta ocasión, la Iglesia metodista

---

[78] Discurso de aceptación de la candidatura, septiembre de 1960.

y el congreso americano judío[79] salieron en favor de Kennedy: «Sus juicios y no los del Papa son los importantes para juzgarle.» Kennedy derrotó a Richard Nixon en su lucha hacia la presidencia de los Estados Unidos. Politólogos, sociólogos y periodistas no se ponen de acuerdo en valorar la religión de Kennedy como ventaja o desventaja que éste tuvo para alcanzar la presidencia frente a Nixon. No hay duda de que, en gran medida, los católicos incrementaron su votación. Lo interesante sería saber cuántos hubieran votado a Nixon contra Stevenson, Humphrey, Johnson o Symington. Como dice Fenton, más de tres católicos —de cada cinco que votaron a Eisenhower en 1956— cambiaron su voto a Kennedy, mientras que sería muy difícil precisar cuántos hubieran votado a Nixon si Kennedy hubiera sido protestante.

---

[79] Los judíos no se habían mostrado partidarios de Kennedy, especialmente por el hecho de que su padre había sido antisemita, así como indiferente en relación al tema judío durante los años que Hitler estuvo en el poder.

Capítulo 3

LA NUEVA DERECHA CRISTIANA

El fundamentalismo es el antecedente ideológico de un fenómeno que no hay que dudar en calificar de nuevo y excepcional. Se trata de la Nueva Derecha político-religiosa americana, como la califican Samuel S. Hill y Dennis E. Owen,[80] o simplemente la Nueva Derecha Cristiana, como la denominan Robert C. Liebman y Robert Wuthnow.[81] Para el público español, este escenario político-religioso americano resulta doblemente sorprendente, atendiendo, por un lado, a lo que significa en cuanto a confusión, la constante proliferación de nuevas sectas en el marco protestante[82] que, animadas por la necesidad de la subsistencia, utilizan los mecanismos de propaganda característicos de la sociedad de consumo, y muy especialmente la televisión.[83] De otro lado, esa agresívidad político-religiosa americana ha producido, especialmente en las últimas elecciones de 1980, una serie de organizaciones personificadas en las imágenes de unos cuantos *big men* o grandes hombres, que han influido ostensiblemente en la victoria de Ronald Reagan.

---

[80] Samuel S. Hill y Dennis E. Owen, *The New Religious Political Right in America,* Abingdon.

[81] Robert C. Liebman y Robert Wuthnow, *The New Cristian Right,* Aldine Pubi.

[82] Este fenómeno es primordialmente protestante y no tanto judío o católico.

[83] Peter Berger en *The Sacred Canopy* habla de un paralelismo entre el mercado capitalista y la competencia religiosa en América.

Claro, como en cualquier caso de grupos de presión, lo significativo y relevante sería poder responder a preguntas tales como: ¿En qué medida esos grupos hicieron decisiva la victoria del partido republicano? ¿Qué hubiera ocurrido sin el apoyo de éstos a aquél? Desgraciadamente, es prácticamente imposible acercarse con cierta precisión a esa problemática, primero porque la gran mayoría de los que votaron a tales grupos no eran miembros de ellos, pero sobre todo porque es imposible una encuesta que sea capaz de dar cuenta, por ejemplo, de la cantidad de simpatizantes del Partido Demócrata que votaron a Reagan, tras la influencia de estos grupos.

Durante más de cincuenta años, los evangelistas americanos se mantuvieron al margen de la vida política. Para poetas como Emerson, la práctica de la política era un mal del alma, un juego que se le hacía al Estado. Posición —la de Emerson— que luego sería curiosamente aplaudida por Nietzsche en Europa. Para el evangelista americano tradicional (lo que no es el caso de Emerson), sólo en el arrepentimiento y la salvación podía el americano fundamentar su ética.

Para algunos, la problemática con respecto a las escuelas públicas en lo concerniente a la lectura de la Biblia; para otros, la intensificación de la pornografía, la homosexualidad y la droga, fueron causas suficientes para justificar una acción política organizada, lanzada desde el ámbito religioso. Grupos principalmente fundamentalistas y del sur del país, entre los que destaca la Moral Majority de Jerry Falwell, comenzaron a crear sus cuarteles de batalla, como es el caso de la gigantesca iglesia-universidad Thomas Road Baptist Church en Lynchburg, Virginia, del citado grupo; o, también relacionado con éste, el programa de audiencia nacional *The Old Time Gospel Hour.*

Si bien cada grupo o cada líder (algunas veces cuesta diferenciar al líder del grupo) pretende una oferta con personalidad, en algunas batallas las coaliciones entre la Moral Majority The Christian Voice o la Religious Roundtable, por ejemplo, son mecánicamente inmediatas. Tales son los casos del aborto, de los derechos de los homosexuales y de la pornografía, lo que para todos ellos son causas importantes de la decadencia del país y del peligro del comunismo.[84]

Tanto el movimiento de McCarthy en 1950 como el juvenil de los sesenta, dieron lugar a que historiadores y politólogos se preguntaran por sus causas. Lo mismo está ocurriendo ahora en el caso de la Nueva Derecha Cristiana. Hay algo claro por encima de valoraciones axiológicas y por encima de las posibles medidas sociológicas del fenómeno. La Nueva Derecha Cristiana en América es un símbolo de cambio. Esa cresta del *iceberg* es para algunos el fin de una época en la que los granjeros del Sur y del Medio Oeste eran predominantes en la política nacional. Para otros, todo ello indica que esta nación, que es la más poderosa del mundo, está respondiendo organizadamente ante la decadencia y la inmoralidad.

Pero, en ambos casos, el peso de la problemática es proyectable a nivel nacional; lo cual es importante en un país tan plural y en el que la política local tiene tanta importancia.

La organización de un movimiento que pretende consolidarse no puede prescindir de una estructura o aparato organizativo que articule de forma sistemática la energía ideológica de un grupo social concreto. De lo contrario todo queda

---

[84] Como veremos, la ingenuidad de algunos a televangelistase llega a extremos como el de identificar a Rusia con el diablo, que se enfrentará en definitiva lucha, el día del fin del mundo, contra los Estados Unidos.

en testimonios más o menos fructíferos o en manifestaciones esporádicas. La Nueva Derecha Cristiana no aparece simplemente porque un sector de la población creyese que la nación estaba entrando en un período de decadencia y degeneración, sino porque ese sector articuló unas estructuras dirigidas por unos líderes capaces de manejar unos recursos económicos y de tener unas conexiones con el Partido Republicano.

En un primer acercamiento, estas nupcias entre religión y política pueden sorprender en un país que desde su fundación se definió tan claramente al respecto y en donde la progresiva burocratización y funcionalización del consumo y del consumidor parecen secularizar hasta los rituales más solemnes. Quizás, en este sentido, la sorpresa se atenúe cuando reparamos en otros ejemplos de conexión político-religiosa en países como Irlanda del Norte, Polonia, Irán o en algunos Estados latinoamericanos también industrializados.

La primera pregunta que salta a la vista al enfocar el fenómeno no es tanto de índole espacial sino temporal; ¿cuánto tiempo pueden perdurar esas estructuras y organizaciones político-religiosas que han crecido tan visible y rápidamente? Para responder a esto tendremos que tener en cuenta dos cosas. Por una parte, el movimiento tiene conexión con una larga tradición de cierto conservadurismo americano,[85] pero por otra, el fenómeno en sí, su organización, su estructura y su proyección en televisión se constituyó muy rápidamente, lo que hace pensar en la posible efimeridad de su existencia.

En este capítulo intentaremos analizar la mayor parte de la problemática que plantea el fenómeno del nuevo conservadu-

---

[85] Martin Lipset señala en su artículo *Religion and Politics in the American Past and Present* una tendencia tradicional desde el viejo Partido Federalista de una serie de grupos protestantes a situarse a la derecha, en contraposición, por ejemplo, a la tradicional posición católica.

rismo político religioso americano que, repetimos, por su complejidad e importancia en las elecciones de 1980, requiere un estudio interdisciplinario que incluya sobre todo una perspectiva desde la ciencia política, la sociología de la religión y la sociología de los medios de comunicación, imagen y propaganda.

Lo primero que salta a la vista en la victoria de Ronald Reagan en 1980 es que los grupos que le apoyaron tan claramente, como la Moral Majority, no parecen tener como modelo de su organización a una persona como él. Actor de Hollywood, divorciado y aparentemente divertido, Reagan contrasta con el hombre tradicional y religioso que, por ejemplo, sí era claramente su oponente Carter, quien había llegado a decir que se pasaba el mismo tiempo en la silla de su despacho que de rodillas.

La definición pública de un presidente americano en el terreno religioso ha sido una constante a lo largo de la historia de los Estados Unidos. No es una manifestación superflua, sino una necesidad. Los americanos confiaron una vez en un hombre perteneciente a un grupo étnico minoritario, como es el caso de Kennedy,[86] que era católico, y es posible que algún día llegue a la presidencia un negro o un judío, pero es difícil imaginar a un presidente ateo en la Casa Blanca.

En términos generales, la ideología subyacente del modelo propuesto por la Nueva Derecha Cristiana tendería hacia una sociedad en la que predominase la familia nuclear, en la que los roles sexuales fueran claros, en la que la Iglesia y la familia se encargasen de las decisiones importantes de la acción

---

[86] Véase mi artículo «El catolicismo americano y el caso de las elecciones de J. F. Kennedy., *Revista de política comparada*, Universidad Internacional Menéndez y Pelayo. Volumen 8.

social, en donde un gobierno fuerte asegurase la defensa ante los enemigos, castigase la «maldad» y asegurase la soberanía de Dios. Consecuentemente, tal sociedad ejercería un papel paternalista que influiría internacionalmente en otros países para que se extendiesen sus cruzadas en defensa de la Cristiandad. Ese carácter clarividente y teológico crea en los momentos de mayor énfasis (el caso de la televisión es el más evidente) las figuras tradicionales, pesimistas o amenazantes del profeta milenarista, del vociferante líder o del mesías capaz de hacer milagros.[87]

En la sociedad propugnada por la Nueva Derecha Cristiana predominaría también la coherencia interna y el bienestar social. La disfuncionalidad o la marginación se aunarían a la uniformidad general, consolidando una especie de voluntad general rousseauniana, lo que evitaría la necesidad de represión. Tal es, por ejemplo, el discurso de Jerry Falwell y de su Moral Majority; en el caso de los homosexuales o las feministas, no es tanto un problema de represión cuanto de comprensión paternal que haga entender a esa *deviant behavior,* su error. Generalizando, lo que claramente comparten todos estos grupos son las ideas de que: *a)* la sociedad americana está en decadencia; *b)* mientras se deben reconocer muchos derechos, en algunos casos, como en el de los homosexuales, esos derechos hay que negarlos porque están en contra de Dios y de la tradición americana, y *c)* el camino hacia la rectitud está ya escrito en la Biblia y se debe interpretar y seguir.

Si intentamos encajar la Nueva Derecha Cristiana en la tradición histórica del país, hay que tener en cuenta lo que signi-

---

[87] Aunque parezca mentira, a tales extremos exóticos se llega con frecuencia en la televisión americana, como se refleja en *Renacer,* la excelente película (dicho sea de paso) del catalán Bigas Luna.

fica el hecho histórico de que los primeros peregrinos que llegaron a Nueva Inglaterra fueran protestantes. Se puede decir que el pluralismo vino después, y que durante un tiempo América fue un país protestante. Por lo tanto, en ese romanticismo nacionalista perseguidor de una arcadia definitivamente perdida que confiere una identidad moral y un papel internacional a su país, en ese discurso nostálgico de referencias religiosas a los textos bíblicos, la Nueva Derecha Cristiana construye su principal argumento y legitimación.

La tradición protestante[88] implica una segunda faceta que nos revela mucho de la aparición de los líderes de la Nueva Derecha Cristiana, especialmente de los líderes televisivos o televangelistas. El individualismo religioso, la interpretación personal del texto sagrado, posibilitan, en primer lugar, la capacidad de hablar libremente con la audiencia sin encomendarse al estamento superior del escalafón jerárquico y sin limitarse al marco ritualizado de la misa, como ocurre, por ejemplo, en el caso del catolicismo. El texto sagrado, lejos de actuar como cortapisa o censor, aparece, en el marco televisivo, como confirmador de una opinión en concreto. Cuando Jerry Palwell abre parsimoniosamente la Biblia y está hablando de los misiles soviéticos, no cabe ninguna duda de que va a encontrar una frase, una metáfora o una metametáfora mediante la cual Dios ratifique su previa hipótesis. Esta estructura centrífuga *versus* centrípeta como la del catolicismo hace del protestantismo una religión perfectamente adaptable al marco televisivo, en el que la personalidad y la espontaneidad tienen tanta importancia a la hora de contabilizar audiencia, y lo que es correlacionable: recursos económicos.

---

[88] Sobre el tema, el libro que sigue siendo el más interesante a nuestro juicio es el de Will Herberg, *Protestant, Catholic, Jew*, Doubleday, Nueva York, 1960.

Pero antes de meternos en la Nueva Derecha Cristiana, hagámoslo con cierto detenimiento en algo que la envuelve y contextualiza: simplemente, en la Nueva Derecha.

Paul S. Sigmund parece clamar al esfuerzo y a la comprensión de los politólogos europeos cuando habla de las ideologías contemporáneas en los Estados Unidos: «Cuando los observadores europeos comparan la política de los Estados Unidos con la de la mayoría de los países de Europa, se sorprenden ante lo que parece ser una falta de contenido ideológico, y de diferenciación, en los partidos y en las elecciones americanas. Los dos partidos principales son, aparentemente, coaliciones de grupos de intereses con escaso contenido programático, y los políticos americanos parecen preocuparse más por ser elegidos y mantenerse en el puesto que por llevar a cabo un programa ideológico. Sin embargo, en este ensayo, sostendré que la ideología es y ha sido un elemento importante para la comprensión de la historia y de la política americana.»[89]

Más adelante, Sigmund señala la debilidad tradicional del autoritarismo de derechas y del socialismo, ya sea éste marxista o no marxista en los Estados Unidos. Sin embargo, parece definir la Nueva Derecha como contraposición bipolar a una Nueva Izquierda: «La derecha fue capaz, en los años setenta, no sólo de recuperarse electoralmente, sino también de ofrecer una imagen más dinámica de futuro que proponían como alternativa y que, en contraste con la Nueva Izquierda, era capaz de abrir los manantiales de las tradiciones político-ideológico-económicas americanas.»[90]

---

[89] Paul S. Sigmund, «Ideologías políticas contemporáneas en los Estados Unidos», *Revista de la U.I.M.P. Ideologías y movimientos contemporáneos*, compilación de Manuel Pastor, 1980.

[90] Paul S. Sigmund, *ibid., p.* 29.

El acercamiento a la definición y caracterización de la Nueva Derecha americana pasa, como apunta Manuel Pastor,[91] por la distinción entre dos términos que han sido confundidos en España. Una cosa es la Nueva Derecha y otra distinta es el neoconservadurismo.

Steinfels[92] relaciona el calificativo «neoconservadores» con determinadas personalidades caracterizadas por su talante democrático en la tradición occidental, ajeno por tanto a cualquier connotación comunista o revolucionaria y a quienes generalmente proceden, política e intelectualmente, del liberalismo y del socialismo democrático. Viereck[93] vislumbra la línea precedente de este neoconservadurismo en la tradición de Burke, Tocqueville, J. S. Mill, en la dimensión liberal-conservadora americana y en sus contemporáneos R. English, T. Cook, C. Rossiter, J. A. Lukas y R. Niebuhr. Steinfeis, en su libro *The Neoconservatives*, pretende la descripción de tres representantes neoconservadores que, como muchos otros de esta misma tendencia, han llegado a las esferas intelectuales y elitistas americanas: el ideólogo Irving Kristal, el politólogo Daniel Patrick Moynihan y el sociólogo Daniel Bell. En definitiva, el término neoconservadurismo parece referirse a una tradición intelectual, mientras que Nueva Derecha se refiere al conjunto de activistas, organizaciones y grupos de presión que se oponen al *Equal Rights Amendment*, al tratado del Canal de Panamá, al Salt II, a los programas sociales federales y a la intervención del gobierno en los asuntos financieros. La Nueva Derecha Cristiana ataca el llamado «humanismo secu-

---

[91] Manuel Pastor, «Notas sobre el neoconservadurismo en U.S.A.», *Sistema*, 43, 44, septiembre d 1981.

[92] P. Steinfels, *The Neoconservatives*, Simon and Shuster, Nueva York, 1979.

[93] P. Viereck, «The Pllilosophical New Conservatism», 1963, en *The Radical Right*, Doubleday, Garden City, Nueva York.

lar» y propugna enérgicamente la protección de la familia, el incremento del presupuesto de defensa, las actividades religiosas en las escuelas públicas y la enseñanza del creacionismo científico. Este último objetivo supone un ingenioso intento de hacer conciliar una versión metamorfoseada del Génesis con el tecnicismo americano, lo cual se enfrenta en lucha permanente y cruenta con la versión secular del darwinismo evolucionista, que aparece a modo de cosmogonía explicando no solamente el origen del hombre, sino también el del universo.[94]

Por lo tanto, la Nueva Derecha Cristiana, como podemos ver, difiere más en términos estratégicos y en sus objetivos que en términos ideológicos. La Nueva Derecha tiene una existencia relativamente cercana, dado que de los 23 senadores, identificados como tales en 1980, sólo tres habían estado en el Senado antes de 1972: Barry Goldwater, Strom Thurmond y John Tower.

La ideología de la Nueva Derecha puede resumirse en tres frentes: liberalismo económico,[95] tradicionalismo social centrando el foco en la familia y en la ética puritana de Nueva Inglaterra, y claro y militante anticomunismo. En todos estos frentes económicos, sociales y de seguridad nacional, la

---

[94] Quiero hacer notar que después de haber vivido tres años en los EE.UU. el tema se me aparece como algo popular, como debate constante sin resolver, que llega a la televisión, a la prensa o a la Corte Suprema mediante padres escandalizados que bien recuerdan a los protagonistas de la polémica española del siglo pasado en torno al darwinismo social.

[95] Pastor hace notar que el liberalismo norteamericano es algo diferente al europeo, pues aquél es el heredero del *New Deal* y asume el intervencionismo estatal y ciertas tendencias socialdemócratas. Sin embargo, el liberalismo de la Nueva Derecha sí es el tradicional, siendo contrario a la intervención del Estado en las empresas privadas. Manuel PASTOR, «Notas sobre el neoconservadurismo en U.S.A.», *Sistema*, Septiembre de 1981.

Nueva Derecha culpa a los progresistas. Si los progresistas no se hubieran inmiscuido en el gobierno con sus programas sociales, la economía funcionaría perfectamente. Si los progresistas no hubieran promovido nuevos estilos de vida, la familia seguiría existiendo como antes, si los progresistas no hubieran conseguido reducir el presupuesto de defensa, la Unión Soviética no sería la amenaza que es hoy para los Estados Unidos.

La ideología de la Nueva Derecha contiene una paradoja que se engarza en lo más hondo de su pasado histórico: la tensa relación que se mantiene entre los términos tradicionalismo y liberalismo. Filosóficamente y a primera vista, parecen términos contrapuestos. El tradicionalismo, en oposición al progresismo, desconfía de la evolución material-secular de la sociedad y mantiene un cierto pesimismo con respecto al hombre como individuo. El liberalismo tiende a la confianza en el Individuo, en el progreso material y en la eficacia de las gestiones dentro de un marco primordialmente secular. La Nueva Derecha y en general la tradición conservadora americana parecen basar gran parte de su ideología en una cierta combinación de estos dos términos. Así, se reivindica conjuntamente a Dios y al capitalismo o a la materia y al espíritu. Esta relación, cuyo clásico más anciano es Max Weber y su libro *La ética protestante y el espíritu del capitalismo*,[96] tiene su versión conservadora en un libro que conoce bien la administración Reagan. Se trata de *Wealth and Poverty*, de George Gilder,[97] en donde se pretende argumentar que el capitalismo encontró sua tropos fundacionales no como resultado mecá-

---

[96] Max Weber, *La ética protestante y el espíritu del capitalismo*, Peninsula, 1969.

[97] George Gilder, *Wealth and Poverty*, Basic Books, Nueva York, 1981.

nico del tecnicismo, sino siguiendo estímulos trascendentes, mórales y de inspiración divina.

La articulación de un discurso coherente era necesaria para la estrategia organizativa de la Nueva Derecha. En una coyuntura que venia rebotada de la guerra del Vietnam, de las revueltas estudiantiles, del feminismo y demás movimientos marginales, se habían publicado libros como el de Kevin Phillips, *The Emergin Republican Majority,* en 1969; el de Richard J. Whalen, *Taking Sides,* en 1974; el de William A Rurher, *The Making of a New Mayority Party,* en 1975; y el de Patricks J. Buchanan, *Conservative Votes, Liberal Victories,* en 1975. A partir de la mitad de la década de los setenta, se empezó a prefigurar, entre los conservadores, una opción notablemente generalizada; una mayoría sumergida podía salir a flote y presentar una opción política de amplia participación. Hombres como Richard Viguerie o Paul Weyrich empezaron a criticar a los líderes conservadores de principios de los setenta, considerando que éstos habían permanecido excesivamente a la defensiva y no se enfrentaban con la energía suficiente a los problemas nacionales. La canalización de una serie de temas en un movimiento efectivo implicó la relación con una organización que controlase la prensa y los medios de comunicación, como *Accuracy in Media;* otra que reclutase futuros líderes o políticos, como el Committee for the Survival of a Free Congress. También eran necesarios activistas que organizasen la propaganda política, que proveyeran de fondos económicos y que movilizasen a la opinión pública en torno a grupos como The Kingston Group, en donde se discutían asuntos económicos, el Library Court Group, en donde se hablaba de problemas educacionales y sociales, o el Stanton Group, dedicado a temas internacionales y de defensa nacional. Paralelamente a estos grupos, algunos profesionales de la información activaron, desde sus caballos de batalla, nuevos proyectos conservadores. Por ejemplo, en febrero de 1981, Donald Wildmon, habitual colaborador del periódico *Conservative Digest,* creó The Coalition for Better Television para reducir el sexo y la violencia en la televisión.

La Nueva Derecha es el marco de una oleada conservadora, de amplio espectro social, que se manifiesta progresivamente durante la década de los setenta en coaliciones, asociaciones y grupos de presión. En este marco va a gestarse otro fenómeno social con peculiaridades propias, pero que debe mucho a la Nueva Derecha. Es la Nueva Derecha Cristiana. Como dicen Hadden y Swaim al respecto: «La Nueva Derecha Cristiana debe su génesis al plan maestro de la Nueva Derecha. La Nueva Derecha necesita a la Nueva Derecha Cristiana para dilatar sus bases de apoyo y para obtener legitimidad en sus causas. Por otra parte, la Nueva Derecha Cristiana tiene necesidad de la Nueva Derecha porque los líderes de aquélla son bisoños en la política de alto nivel. De todas formas, pueden aprender rápido, y la Nueva Derecha podrá contar con ellos, siempre y cuando los cristianos lo admitan.»[98] Se puede esgrimir también que una de las principales razones que explican esa intersección entre Nueva Derecha y Nueva Derecha Cristiana se debe al común interés por los temas sociales. En los últimos cincuenta años, los conservadores habían argumentado casi exclusivamente acerca de temas económicos y de política internacional. La Nueva Derecha, si bien sigue compartiendo esos intereses, aporta una atención considerable a la problemática social, cosa que exclusiviza prácticamente el discurso de la Nueva

---

[98] Jeffrey K. Hadden y Charles E. Swann, *Prime Time Preachers,* Addison Wesley P. Company, 1981, p. 142.

Derecha Cristiana. Lipset y Raab,[99] mantienen que las posiciones conservadoras deben combinar, por una parte, un conservadurismo económico, que atrae principalmente a la clase alta, con un conservadurismo social, atractivo para espectros sociales más bajos. Ladd[100] sugiere, de otro lado, que la clase media alta, mientras más alto sea su nivel educativo, mantendrá posiciones más liberales con respecto a los temas sociales; mientras que la clase media baja y la clase trabajadora, al haber llegado a un nivel y querer mantenerlo, tiende a posiciones más conservadoras.

Gran parte de la crítica conservadora[101] se apresuró a argumentar, después de la victoria de Reagan en 1980, que el triunfo se debía al apoyo de la Nueva Derecha Cristiana y a la inclusión, en el programa del Partido Republicano, de una nueva temática social. El propio Reagan, en un congreso organizado por Conservative Political Action Conference, en marzo de 1981, dijo: «Nosotros los conservadores no tenemos un programa social, otro económico y otro de política internacional, nosotros tenemos un solo programa que incluye los tres.»

Para abordar la problemática de la Nueva Derecha Cristiana, después de haberla enmarcado dentro del contexto y coyuntura de la Nueva Derecha, es preciso hablar de su engarzamiento cultural dentro de la tradición americana, de sus

---

[99] Lipset, M. Saymour y Earl Raab, *The politics of Unreason*, University of Chicago Press, Chicago, Illinois, 1978.

[100] Everett C. Ladd, Jr., «New divisions in U.S. politics», *Fortune,* 1979.

[101] En febrero de 1981 proliferaron ostensiblemente artículos como los recogidos en el *Conservative Digest:* «La Nueva Derecha Cristiana juega un papel clave en las elecciones» o «El cambio en el voto religioso vence a Carter» o «El movimiento en pro de la familia eligió a Ronald Reagan».

orientaciones teológicas, de sus diferentes organizaciones y del impacto social y político de éstas.

Si queremos enlazar el movimiento de la Nueva Derecha Cristiana dentro de la tradición americana, nos damos cuenta inmediatamente que sus raíces hay que buscarlas en las sectas fundamentalistas.

Durante la mayor parte del período colonial, los congregacionalistas se agruparon en el Norte, mientras que los anglicanos tendieron a hacerlo en el Sur. La diversidad de presbiterianos, bautistas, cuáqueros e incluso católicos y judíos, dio lugar a la filosofía del pluralismo y, consecuentemente, en el plano jurídico, a la separación de la Iglesia y el Estado.

Lipset, en un capítulo de su libro *Revolution and Counterrevolution,* establece así las primeras correlaciones religioso-políticas: «La primera experiencia americana de diferenciación política entre los distintos grupos religiosos comienza con la fundación de la nación. Las iglesias episcopalianas y congregadonalistas se identificaron con el partido conservador federalista y los *whigs,* mientras que los bautistas, metodistas y presbiterianos lo hicieron con los jeffersonianos y jacksonianos.»[102]

Para la Nueva Derecha Cristiana, siendo la Biblia sagrada y verbalmente dada por Dios, no puede contener error ni falta en sus enseñanzas, especialmente en el acto de la Creación. Por otra parte, la racionalidad, en último término como en Hegel, sólo puede existir en Dios y en lo que Él ha creado; nada puede ser accidental. De ello se sigue que todo entra en un *perfect program* divino.

---

[102] Seymour Martin Lipset, *Revolution and Counterrevolution: Change and Persistence in Social Structures,* Doubleday-Anchor Books, 1968, p. 248.

El fundamentalisino es la principal referencia histórica de la Nueva Derecha Cristiana, si bien hay que hacer notar la influencia de algunas congregaciones independientes. Seguramente, esta identidad tradicional es ignorada por la mayoría de los simpatizantes de la Nueva Derecha Cristiana. Es posible, incluso, que existan ciertas incompatibilidades entre la orientación teológica de la Nueva Derecha Cristiana y la de algunas sectas a las que pertenecen sus simpatizantes.

Con el texto bíblico como referencia, los evangelistas americanos construyen, más que una ética del bien, una ética de la verdad. Esto les lleva a dar por sentado interpretaciones subjetivas que hacen, por ejemplo, conferir a la nación americana un mensaje divino que se deriva de la Escritura. De ahí su pesimismo escatológico que se proyecta sobre la cancerosa nación americana. Por todo ello cabe preguntarse cuáles son las posturas que subyacen de tal pesimismo nacionalista y de tal convicción autoritaria con respecto al primer artículo de la constitución americana, el cual versa sobre la separación entre la Iglesia y el Estado. Tales posturas son ciertamente ambiguas en las manifestaciones de la Nueva Derecha Cristiana. Si bien en principio se afirma la necesidad de tal separación, también se argumenta que el propio artículo ha sido violado en algunas ocasiones por el Estado. Tal fue, por ejemplo, el caso de la educación. Para la Nueva Derecha Cristiana, los niños, antes de pertenecer al Estado, pertenecen a Dios, que los confía a sus padres y a la Iglesia. Aquí es donde se plantea una de las batallas más importantes de la Nueva Derecha Cristiana. En palabras de Jerry Falwell: «Hasta hace unos treinta años, las escuelas públicas americanas servían como orientación y ayuda a nuestros niños y niñas. La Biblia se leía en todas las escuelas de la nación. Pero la decadencia en nuestro sistema público sufrió una enorme fatalidad cuando la

Corte Suprema retiró de las clases la lectura de la Biblia. Nuestro sistema público está ahora permeado por el humanismo secular. El humanismo secular cree que cada hombre es su propio dios y que los valores son relativos. Bajo el presunto propósito de la educación sexual, los libros de texto están pervirtiendo las mentes de millones de estudiantes. Yo creo que la grandeza de América puede atribuirse al Gran Libro, así como a los buenos libros científicos, literarios e históricos que nos han llevado a asimilar los hechos necesarios para construir una gran república bajo la tutela de Dios.»[103] América pasa a tener una relación con Dios que trasciende el marco temporal. La ley de Dios se interfiere en la ley constitucional, al igual que en la vieja Israel, moldeando, guiando y conduciendo a la nación a lo largo de su devenir histórico: «Ha llegado el momento de rechazar lo impío, la definición comunista de la separación entre Iglesia y Estado, que afirma que no hay lugar en lo público para la ley moral bíblica. Tenemos que honrar a Dios, que gobierna las naciones. Nunca olvidemos que el débil será enviado al infierno así como todas las naciones que olviden a Dios.»[104]

La aparente contradicción que supone la aceptación de la separación Iglesia-Estado, por un lado, y la argumentación favorable a la reinserción religiosa en lo público, por otro, se solventa con la interpretación que da al tema la Nueva Derecha Cristiana. Para ellos, separación Iglesia-Estado supone que en el Estado no prevalecerá nunca una secta o religión en particular, lo que no impide una conexión entre el Gobierno y Dios. Ese Dios monoteísta del que habla siempre Reagan en el discurso de Navidad y que sirve tanto para ca-

---

[103] Jerry Falwell, *Listen America,* Bantan Books, 1979, página 180.
[104] *Moral Majority Report,* 1/5 (mayo de 1980).

tólicos, protestantes y judíos. El Estado tiene que obrar, en consecuencia, contra los enemigos de Dios, que pueden ser externos (el principal es el comunismo) o internos, que deben ser reprimidos y erradicados, haciendo que la actividad del Estado sea casi enteramente negativa mediante la prohibición y el castigo.[105]

La Nueva Derecha Cristiana se articula en una serie de organizaciones. Las más importantes son Christian Voice, Roundtable y sobre todo The Moral Majority.

Organizativamente, la Nueva Derecha Cristiana constituye una serie de grupos de presión, de PAC *(Political Action Committees)*, de editoriales, fundaciones, universidades, programas de televisión e iglesias. La estructura de estas organizaciones no corresponde a la amplitud geográfica que tienen, a pesar del empeño en falsear el número de miembros y sedes por parte de muchos de sus líderes. Cuando hablan de cobertura a nivel nacional, se refieren al área geográfica que cubren con un programa de televisión o con una revista, exagerando incluso en eso. Ninguna de las tres organizaciones antes citadas tiene una estructura de cuadros intermedios a modo de un partido político. Sin embargo, tampoco se puede hablar de un *bluf* televisivo y completamente efímero como han intentado algunos. A través de un sofisticado sistema de computadoras, estas organizaciones confeccionan unas largas listas de posibles contribuyentes. Con frecuencia, tales listas se comparten, compran o venden entre las distintas organizaciones. El pertenecer a una de esas listas puede ser debido al reverendo de la iglesia más próxima, o simplemente por haber

---

[105] Es irónico pensar al respecto que el desarrollo principal de la teoría sociológica americana sea el funcionalismo y una de sus materias principales la «conducta desviadas.

dado el nombre en alguna campaña benéfica a algún grupo indirectamente conectado con la organización. En muchos casos, ya en el primer envío, se obsequia al destinatario con algún libro, casete o similar. A primera vista, parece que el coste del primer envío no es sufragado con lo obtenido como respuesta, pues posiblemente la mayor parte de los receptores ni siquiera se molestan en contestar. Tal vez eso explique la rápida desaparición de algunas de estas organizaciones, o las dificultades que se presentan para otras. Pero esa primera generosidad de la organización, que regala en ocasiones un material que puede superar los 8 dólares, actúa como mecanismo psicológico y anzuelo irresistible para muchos que van contrayendo una deuda con la organización y, en última instancia, con Dios. Como dice Peter Berger,[106] si bien la mentalidad americana está acostumbrada a esa agresividad del *marketing* religioso, también es verdad que han habido ciertas críticas que tachan a estas organizaciones de santas mafias, y a sus organizadores de frustrados financieros que quieren hacerse grandes a través de la buena fe de los contribuyentes. Pero a pesar de ello, la opinión pública no parece tan escandalizada como lo estaría en un país europeo si se diese un fenómeno parecido. Tal vez, el ciudadano americano entienda mejor que nadie que cualquier movilización de cierta envergadura, por muy religiosa que sea, implica destinar a estos fines un caudal de propaganda y de costes organizativos.. Otro problema, en el que no vamos a entrar, es si la opinión pública juzga aceptable, desde el punto de vista moral, las pretensiones y los objetivos de estas organizaciones. Sería interesante, en este sentido, conocer la opinión del clero cató-

---

[106] Peter Berger, *ibid.*, p. 34.

lico americano, el cual parece desvincularse en mayor medida de los medios propagandisticos y de comunicación de masas.

De las tres organizaciones más importantes, Christian Voice fue la primera en aparecer en 1979, en torno a los ministros californianos Robert Grant y Richard Zone. La consolidación de la organización se efectuó tras la unión de varios grupos que preexistían bajo la égida antihomosexual, antipornográfica y pro-familiar. Además de aglutinar a una serie de ministros protestantes, la organización contaba con escritores de más o menos nombre, como Hal Lindsey, autor de *La Tierra, el gran planeta tardío,* u otros hombres de la televisión, como el actor-cantante y teólogo Pat Boone. En términos organizativos, Chrstian Voice depende, como los otros grupos de la Nueva Derecha Cristiana, de la televisión y de sus contribuyentes. Pat Robertson, director del Christian Broadcasting Network, da cabida a Christian Voice en su programa *700 club,* así coma en más de 100 cadenas de televisión a lo largo de todo el país. Como las demás organizaciones, Christian Voice se nutre económicamente no sólo de los ciudadanos que siguen sus programas por radio y por televisión, sino de los que reciben sus cartas a través del sofisticado *direct mail computer system.* Christian Voice es una organización más limitada que la Moral Majority o que la Religious Roundtable, a pesar de su insistencia en contar con más de 150.000 afiliados. En la campaña de 1980, Christian Voice se hizo notar gracias a su PAC, The Christian Voice Moral Government Fund, que a diferencia de la Moral Majority presentó candidatos. En un largo mensaje que el PAC envió a sus simpatizantes, se remarcaba la misión deificada de la nación americana y los intereses de la organización, no tanto políticos cuanto morales...

«Hemos dejado que las fuerzas de Satán gobiernen nuestra nación y controlen nuestro destino. Éstos no son temas políticos, liberales contra conservadores o demócratas contra republicanos. Nosotros no estamos hablando de política energética, de economía o de política. Éstos son temas morales, el bien contra el mal, Cristo contra el Anticristo.»[107]

A nivel nacional, Christian Voice apoyó explícitamente a Ronald Reagan en panfletos como: «Ronald Reagan es el único candidato que ha mantenido firmemente sus principios cristianos. La comunidad cristiana americana debe apoyar a Ronald Reagan para que sea el presidente en 1980.» El panfleto se titulaba *La fe de Ronald Reagan* y presentaba el llamamiento de Reagan a todos los americanos «para recuperar los grandes principios de la tradición judeo-cristiana y de la Antigua Escritura».

En 1976, Ronald Reagan fue entrevistado por George Otis en un programa que se repetiría a lo largo de toda la nación durante la campaña del ochenta. En este programa, titulado *High Adventure*, Reagan se declaraba *born again*, término que significa renacido o reencontrado con Dios y que se ha asociado mucho con la Nueva Derecha Cristiana. Decía Reagan: «En mi vida, ha llegado un momento en que tengo una nueva relación con Dios. Yo prometo pedirle ayuda si soy elegido para el cargo en Washington.»

Las identificaciones cristianismo-partido político son utilizadas políticamente, pero nunca en términos generales o ideológicos. Se utilizan en relación directa con un tema concreto —generalmente social— sobre el que hay radical discrepancia entre ambos partidos. Christian Voice es un claro

---

[107] Christian Voice, envío publicitario de reclutamiento, 1980.

ejemplo cuando a través de su Political Action Committee (PAC), The Christian Voice Moral Government Fund se decidió a relacionar a Carter con los derechos homosexuales; Carter se había definido muy claramente al respecto cuando dejó escrito en el comité del Partido Demócrata: «Nosotros debemos afirmar la dignidad de todos y el derecho de cada individuo a tener el mismo acceso para participar en las instituciones sociales, incluyendo acciones que eviten la discriminación de cualquier grupo que esté basada en la raza, en la religión, en el origen nacional, en el sexo o en la orientación sexual.» Para ello, el Christian Voice Moral Government Fund confeccionó una serie de anuncios televisivos. En uno de ellos, aparecía una madre de familia diciendo: «Como madre cristiana que soy, desearía que mis hijos rezarán en el colegio. Yo no querría que a mis hijos se les enseñara que la homosexualidad y el aborto son perfectamente aceptables. Me desagradó comprobar que el presidente Carter discrepara conmigo sobre éstos temas. Por todo ello, como cristiana y como madre, yo votaré a Ronald Reagan, un hombre que protege los valores cristianos y de la familia. Luego, como estribillo que se repetía también en otros anuncios, venía: «Carter propugna la aceptación de la homosexualidad, Ronald Reagan propugna la familia tradicional americana.»

Por su parte, la Religious Roundtable fué fundada por el financiero Edward McAteer en 1979. Sus actividades son distintas a las de Christian Voice y Moral Majority porque no intenta movilizar directamente corrientes masivas. Su función se circunscribe al lanzamiento de líderes religiosos conservadores y a la creación de una élite cristiano-conservadora. En una entrevista del *Conservative Digest,* McAteer declaraba: «Cuando se consigue que un pastor se oriente siguiendo nuestras líneas, que esté preparado para articular una actividad desde su posición, que conozca cuáles son realmente nuestros objetivos y qué significan. Cuando se consigue una persona así, los resultados se multiplican. Nosotros proporcionamos a los líderes procurando que estos líderes se organicen conjuntamente.»[108]

En el mes de enero de 1980, la Religious Roundtable organizó un gran encuentro en Washington al que asistieron tanto figuras de la Nueva Derecha Cristiana como de la Nueva Derecha Secular. Del Committee for the Survival of a Free Congress acudieron Richard Viguerie y Paul Weyrich; del National Conservative Political Action Committee, Terry Dolan; y del Conservative Caucus, Howard Phillips. También asistieron los senadores Jesse Helms,[109] Gordon Humphrey y Roger Jepson y los líderes religiosos de la Moral Majority Jerry Falwell y Tim La Haye.

En definitiva, la estratégica función de la Religious Roundtable radica en articular las conexiones necesarias entre la Nueva Derecha Cristiana y la Nueva Derecha. Es una organización mediadora y no tan visible como las otras. Por supuesto, antes y durante la campaña electoral, la Religious Roundtable aprobó explícita y constantemente a Ronald Reagan.

La tercera, la más visible y representativa organización de la Nueva Derecha Cristiana, es la Moral Majority. Su máximo representante, el reverendo Jerry Falwell, que había fundado la organización en 1979, es sin lugar a duda el líder religioso más carismático del país. A diferencia de otros líderes religio-

---

[108] *Conservative Digest,* enero de 1981, pp. 4-5.

[109] Helms es uno de los políticos americanos más relacionados con la Nueva Derecha Cristiana. Son frecuentes sus apariciones en los programas de televisión como, por ejemplo, *The Old Time Gospel Hour* de Jerry Falwell.

sos, Falwell propugna que el cristiano[110] no sólo debe participar en política con su voto, sino que también debe hacer política organizada. En un panfleto propagandístico leemos: «Los liberales son amorales y quieren corromper nuestra nación dándosela a los comunistas. Pero Dios no nos va a abandonar porque una mayoría moral está con nosotros.»[111]

A pesar de que la orientación teológica de la Moral Majority es pretendidamente ambigua y a pesar de que Falwell insiste en la pertenencia de muchos católicos y judíos a su organización, lo cierto es que la mayoría de sus componentes (no tanto sus simpatizantes) pertenecen a iglesias fundamentalistas independientes, muy frecuentemente bautistas. Hay, pues, una flagrante transformación del discurso original de Falwell, que es de procedencia bautista, al que proyecta a la gran masa americana a través de los medios de comunicación y concretamente en su programa de televisión *The Old Time Gospel Hour*. Esta transformación hace pensar en una pregunta que desde el punto de vista sociológico nos parece interesante: dada la enorme pluralidad de sectas y religiones que existe en la sociedad americana y dado que las organizaciones de la Nueva Derecha Cristiana pretenden una cobertura de amplio espectro social, ¿en qué medida esos líderes de la televisión están creando su propio discurso religioso-político que va a hacer coincidir a todas la organizaciones de la Nueva Derecha Cristiana en un todo adoctrinal, uniforme y sin ma-

---

[110] Tal vez la Moral Majority sea la organización que menos se autodefina como cristiana. Habla más del Antiguo Testamento que del Nuevo, de Dios que de la Trinidad, lo que parece estar proyectado para la atracción de prosélitos judíos y católicos.

[111] Moral Majority, carta pidiendo fondos, 1980.

tices? La respuesta daría razón a la sospecha atendiendo a la repetición uniforme que se percibe en esa «mayoría moral».[112]

La organización de la Moral Majority es la que ha jugado la baza más importante en lo que se refiere a inmiscuirse en la política americana. Sus actividades han servido a otras organizaciones para proseguir sus causas y a constituirse en una identidad afirmativa. Organizativamente, la Moral Majority es quizá la que más se puede parangonar con un partido político, ya que, por ejemplo, tiene representantes en todos los estados. Por otro lado, cualquier manifestación o aparición de Falwell en la escena pública cuenta con la difusión que implica su poder televisivo a nivel nacional. Los domingos, Falwell organiza espectaculares ceremonias religiosas en diferentes iglesias o locales acondicionados. En alguna ocasión, las ceremonias han sido montadas en el Madison Square Garden de Nueva York con retransmisión en directo por televisión, con grupos musicales y con la participación de políticos conocidos.

El apoyo de la Nueva Derecha Cristiana a Ronald Reagan fue gradual y conflictivo. Algunos sectores, como en el caso de Richard Viguerie, preferían a un cristiano-conservador como Phillip Crane o John Connally. Reagan era visto por muchos como un candidato poco idóneo. Era demasiado liberal y no parecía tener las dotes de un líder carismático. Richard Zone había declarado en *Christian Today:* «Reagan no era el mejor cristiano de los Estados Unidos, pero no teníamos otra opción.» Falwell, más optimista y pragmático, se

---

[112] El proyecto de una mayoría moral conservadora pasa por la reducción a unos pocos temas socio-políticos con los que está de acuerdo un amplio sector social. Tales temas, insisto, son básicamente: antihomosexualismo, antipornografía, antiaborto y pro educación religiosa, pro familia y pro América.

preocupaba menos por la cristiandad del que luego fuera presidente que de su estratégica opción como líder: «Lo único que estamos deseando es que realmente sea un buen líder.»

La génesis y centro de operaciones de la Moral Majority está ubicada en lo que había sido una fábrica de embotellar bebidas que Falwell convirtió en una de las iglesias más gigantescas del país. En 1979, su programa de televisión *The Old Time Gospel Hour* recaudó 35 millones de dólares. En 1980, las recaudaciones de este «ciudadano Kane» se aproximaban al millón semanal.

De la misma forma que los conservadores de la Nueva Derecha secular se dieron cuenta de la potencial operatividad de los temas sociales, Falwell fue uno de los primeros líderes religiosos en dejar la teología para hablar de los males sociales que acuciaban al país.

Las actividades apostólico-políticas de Falwell se asemejan mucho a las de un líder político. Cuando visita una ciudad, Falwell es recibido por un político, un reverendo local o por una figura que representa una campaña en concreto, como es el caso de Anita Bryant (que fue «miss América») y su campaña antihomosexual.

Con el tiempo, algunos organizadores de la Moral Majority pasaron a la administración Reagan, tal es el caso del reverendo Bob Billings, que habiendo sido el director ejecutivo de la Moral Majority pasó en 1980 a convertirse en consejero religioso de la campaña de Reagan y a ser el asistente especial de las escuelas privadas en el departamento de educación. El recurso más importante de la Moral Majority, tanto en contactos como en financiación, lo constituye su *mailing list* de 2.500.000 individuos, los cuales no pueden considerarse miembros porque en la mayoría de los casos, como decíamos, engrosan la lista involuntariamente al dar un donativo para alguna sociedad vinculada a la organización.

Los representantes de la Moral Majority, contrariamente a lo que pueda parecer, son casi todos pastores protestantes que se dedican exclusivamente a actividades religiosas. Sólo en dos de los 51 estados es el representante un hombre no religioso. Por otra parte, contrastando con las declaraciones de Falwell y de otros que atribuyen a la Moral Majority una amplia participación organizativa de protestantes (en general), de católicos y judíos, es desproporcionada la representación de ministros bautistas. De los 51 estados de la nación, en 45 se trata de representantes de la secta bautista. De estos últimos, 28 están afiliados a The Baptist Bible Fellowship, una organización preexistente de 2.500 iglesias y que puede explicar, al menos en parte, el éxito organizativo de la Moral Majority. A esta organización preexistente pertenecen también los líderes más importantes de la Moral Majority, como es el caso de Jerry Falwell, Tim La Haye y Greg Dixon. En este sentido, es importante hacer notar la política de ayudas que la Moral Majority mantuvo para construir nuevas iglesias cuyos pastores terminaron haciéndose de la organización.

Volviendo a tomar el hilo anterior y comparando las tres grandes organizaciones de la Nueva Derecha Cristiana: Christian Voice, The Religious Roundtable la Moral Majority, hemos visto cómo las tres comparten una misma o similar ideología, cómo la Moral Majority y Christian Voice persiguen objetivos análogos de movilización social, mientras que Religious Roundtable opta por una estratégica función mediadora. Las tres cuentan con eslabones directos en la televisión religiosa: Pat Robertson con Christian Voice, James Robison con Religious Roundtable y Jerry Falwell con Moral Majority.

Sin embargo, hay algo que hace preguntarse cuáles son los motivos que han convertido a una de esas tres organizaciones, la Moral Majority, en la más sobresaliente, visible y políticamente influyente de las tres. La Moral Majority se explica, en primer lugar, por la figura carismática de Falwell, que fue el primero en hacer política desde el púlpito y desde su programa de televisión. La Moral Majority, en segundo lugar, montó su estrategia en una habilidosa combinación de actividades locales y nacionales, consiguiendo movilizar un espectro social al que sus competidores no llegaron (si bien es cierto que lo consiguieron en unas áreas del país mucho más que en otras).

El libro *Listen America* fue publicado en el mes de agosto de 1980. Al igual que *Camino,* de Escrivá de Balaguer, el índice está dividido en una serie de cuestiones a las que Falwell pretende responder de forma concisa y clara. En una primera parte se agrupan temas relacionados con la tradición americana, con su responsabilidad internacional, con la amenaza del comunismo, con el humanismo secular y con la defensa nacional. En una segunda se tocan diez temas sociales y en una tercera e establece un «plan bíblico de acción».

Si esa pretendida mayoría moral, que ni es tan mayoritaria ni tampoco tan moral,[113] está verdaderamente preocupada por algo, es por el declive de la institución familiar. Falwell señala como causantes principales de se declive familiar el feminismo y la homosexualidad. Al igual que Israel, América fue glorificada por Dios por encima de otras naciones, si bien esto puede dejar de ser así atendiendo a las tendencias actua-

---

[113] Es ya muy popular en todo el *país* el contra término «minoría inmoral», que aparece en pegatinas de coches, en llaveros, camisetas, etc., y que representa, lógicamente, a sectores liberales.

les: «Ninguna otra nación de la Tierra ha sido bendecida por la omnipotencia de Dios como el pueblo de los Estados Unidos de América. Pero nosotros estamos dando esto por sentado durante demasiados años. Ha llegado el momento de afrontar la realidad. Nuestra nación está en peligro y nos estamos lanzando hacia una sociedad amoral en donde no hay nada absolutamente bueno ni absolutamente malo.»[114]

La conexión socio-político-religiosa es inevitable en el discurso de Falwell. Los argumentos dejan de ser éticos para convertirse en argumentos que dependen sin paliativos de la Ley Divina:

«Yo creo que el impulso del movimiento de liberación de la mujer partió de un grupo reducido de mujeres aburridas de sus vidas y cuyos problemas reales eran más de índole espiritual que de otro tipo. Muchas mujeres nunca han aceptado los papeles que Dios les asignó. La omnipotencia de Dios ha creado a los hombres y a las mujeres biológicamente diferentes y con funciones y necesidades distintas.»[115]

Para Falwell, el *Equal Rights Amendment* no tiene ningún sentido, porque el camino hacia el respeto de la mujer radica en el respeto a la Biblia, y en aquellos países en donde se cree fielmente en la Biblia las mujeres son más respetadas que los hombres. Además, el *Equal Rights Amendment* es una violación de la Sagrada Escritura, pues como dice la Biblia «el marido es la cabeza de la mujer como Cristo es la cabeza de la Iglesia».

Para Falwell, el movimiento feminista quitará «la maravillosa posibilidad de que la mujer sea al mismo tiempo esposa y madre en un hogar que mantienen los hombres».

---

[114] *Listen America*, p. 101.

[115] *Ibid.*, p. 130.

Por otra parte, las feministas propugnan la financiación gubernamental del aborto, los privilegios de los homosexuales para que enseñen en las escuelas y para que puedan adoptar hijos. Para el reverendo, «las feministas pretenden que de los hijos se encargue el Gobierno porque creen que es opresivo e injusto que lo hagan las madres». Todos sus objetivos son una clarísima amenaza para la familia. En palabras de Phyllis Schlafly —un activista conservador que Falwell cita en su libro y con el que dice estar muy de acuerdo:

«Ellas piensan que debemos utilizar la Constitución y la legislación para eliminar las eternas diferencias y papeles que Dios estableció entre hombres y mujeres. Quieren dar a los homosexuales y a las lesbianas la misma dignidad que a los maridos y a las esposas. Ellas quieren darle a todo eso la misma dignidad que tiene el sagrado matrimonio. Nosotros tenemos que luchar contra ellas y contra el ERA *(Equal Rights Amendment)*, y tenemos que ganar esa lucha para Dios, para la dignidad de la mujer y para la familia.[116]

El discurso arcádico de Falwell se legitima también desde la mítica fundación de la nación, pues los padres fundadores, cuando establecieron América, separaron el poder ejecutivo, el legislativo y el judicial. Falwell considera amenazado todo este sistema porque «muchas leyes de ámbito estatal y que establecían diferencias de sexo, fueron cambiadas tras la interferencia del *Equal Rights Amendment* en el Congreso el 22 de marzo de 1972. Tales leyes están afectando los fundamentos tradicionales de la sociedad americana, pues tratan sobre el matrimonio, el divorcio, la custodia de los niños, las adopciones, los homosexuales, el incesto y la seguridad ciudadana.

---

[116] *Ibid.*, p. 138.

Estas leyes son una amenaza para el sistema democrático americano.»[117]

Si el primer ataque al feminismo proviene del papel asignado por Dios a la mujer en la Biblia, la otra mitad del capítulo se dedica a argumentar las diferencias entre el hombre y la mujer en un ámbito que para el reverendo es fundamental en la subsistencia de la sociedad americana: el ejército. De nuevo, Falwell utiliza una voz que no es la suya, se trata del general Andrew J. Gatsis: «Los promotores del ERA están continuamente intentando reducir la efectividad del combate mediante la preparación de la opinión pública americana para que acepte la idea de que las mujeres puedan ingresar en el ejército. Yo quisiera decir que hay algunas mujeres, seguramente una minoría, a quienes les gusta lo militar, complaciéndoles vivir y trabajar con hombres y que han tenido actuaciones excelentes en algunas tareas no relacionadas directamente con la guerra, tales como las de enfermera, telefonista, técnica de computadoras, etc. Sin embargo, estas funciones no satisfacen el objetivo del movimiento feminista, el cual pretende hacer a la mujer idéntica al hombre en todos los sectores de la actividad militar sin reparar en el daño que pueden causar.»[118]

Pero lo absurdo del capítulo que Falwell lanza contra el movimiento feminista no es tanto por los dos razonamientos esenciales que éste contiene: *a)* en la Biblia hay un explícito rol para la mujer que es completamente incompatible con las pretensiones del ERA, y *b)* en el ejército no pueden estar las mujeres, salvo en aquellos puestos «para mujeres». Lo absurdo es que son dos argumentaciones que no responden ni

---

[117] *Ibid.*, p. 139

[118] *Ibid.*, p. 139.

tangencialmente a las reivindicaciones feministas. En otras palabras, Falwell desvía el problema social de la mujer a unas esferas que no están en convivencia directa con la sociedad: la Biblia y el ejército. Por lo tanto, su argumento, o bien deviene inocuo y se aleja de ser una crítica conservadora efectiva, o bien se convierte en irrebatible. De la misma forma, los argumentos contra el ERA, lejos de ser críticos, pretenden intranquilizar a los televidentes:

«Pero ¿es que podemos, como personas civilizadas, perder el tiempo pensando en lo que nos sugiere el ERA y enviar a nuestras mujeres al combate en contra de su voluntad?»[119]

Contra la amenaza del ERA, contra la peligrosidad de sus enfermizos propósitos, Falwell propone a los defensores de la familia y a los amantes de la nación americana un plan de acción político que evitará una catástrofe escatológica inminente:

«Necesito decir que ha llegado el momento en el que todos los americanos morales comiencen a estar informados y comiencen a luchar conjuntamente por los valores de la familia en nuestra nación. Todavía estamos a tiempo, pero no podemos esperar. El ocaso de nuestra nación puede estar al alcance de la mano.»[120]

El capítulo que Falwell dedica a la homosexualidad comienza, como todos los capítulos del libro, con una referencia a la Biblia que condena este pecado como termómetro histórico de la decadencia americana:

«La homosexualidad está siendo presentada como un estilo de vida alternativo. Cientos de miles de hombres y muje-

---

[119] *Ibid.*, p. 140.
[120] *Ibid.*, p. 140.

res americanas se enorgullecen de su pecado y se presentan con él en la vida pública. Al hacer esto, están contribuyendo a que América prosiga su decadencia. La historia demuestra que la homosexualidad alcanza unos niveles altos en sociedades en crisis o en Estados en vías de extinción. El pecado de la homosexualidad es tan grave, tan abominable para Dios, que destruyó las ciudades de Sodoma y Gomorra a causa de este terrible mal.»[121]

Subyace en este capítulo una concepción completamente cultural y conductista de la homosexualidad que, por lo tanto, nada tiene de biologista. Esta posición, por lo menos, se compadece de los pobres niños que se convierten en víctimas del mal:

«Ninguna persona nace con una preferencia por su mismo sexo, sino que son introducidos en la experiencia homosexual. Son niños inocentes y jóvenes que se convierten en víctimas y se hacen adictos a la perversión sexual.»[122]

Si el feminismo es una embrionaria amenaza para el orden familiar, social y económico, la homosexualidad, tan pecaminosa y antisocial, sólo puede haber sido obra de las fuerzas satánicas:

«En las familias cristianas, la mujer es sumisa. Como dice la Biblia, "esposas, someteos a vuestros maridos como al Señor" (Ep., 5:22). La homosexualidad es el diabólico ataque de Satán sobre la familia, que es el orden de Dios en la Creación.»[123]

Falwell interrelaciona el feminismo con la homosexualidad. El feminismo es unisexual, desea eliminar las diferentes funciones asignadas por Dios al hombre y a la mujer. Por esta

---

[121] *Ibid.,* p. 157.

[122] *Ibid.,* p. 158.

[123] *Ibid.,* p. 157.

razón, las feministas son prohomosexuales y prolesbianas, «de hecho», dice Falwell «es sorprendente cuántas feministas son lesbianas».[124]

La Moral Majority es una organización político-religiosa. Sin embargo, la Moral Majority no se considera propiamente un Political Action Committee (PAC).

Los PACs son consecuencia del sistema presidencialista americano, en donde no hay, en los partidos, bases ideológicas ni doctrinales que provengan de una tradición histórica, como ocurre, por ejemplo, en los partidos comunistas y socialistas europeos. Cada presidente nominado como candidato comienza su campaña redefiniendo cada *issue* (tema), sin necesidad de elaborar un sistema ideológicamente coherente como implican los partidos de tradición marxista en Europa.

Existen dos tipos de PACs: los *multi-issue* (multi-temáticos) y los *single-issue* (monotemáticos). Tanto unos como otros son grupos de presión autorizados para influir en las campañas electorales y cambiar leyes a través de políticos influyentes. Los PACs, por tanto, son muy similares a las organizaciones de la Nueva Derecha Cristiana que hemos estado analizando, si bien tienen un papel más explícitamente político que les engarza más funcionalmente dentro del mecanismo electoral.

The Federal Election Commission ofrece unos datos que nos pueden servir para esclarecer lo que es un PAC, qué sectores sociales se le adscriben y cómo contribuyen en forma de donativos. Estos datos están agrupados en parejas para facilitar las comparaciones entre los PACs conservadores y los liberales.

---

[124] *Ibid.*, p. 158.

El PAC liberal conocido como The National Committee for an Effective Congress (NCEC) se empareja con el PAC conservador llamado Committee for the Survival of a Free Congress (CSFC). El NCEC es el PAC de mayor tradición, pues lleva treinta años intentando lanzar candidatos progresistas así como articulando influencias para cambiar leyes. En contraposición a este PAC progresista destaca la presencia del PAC conservador Committee for the Survival of a Free Congress. El CSFC fue fundado por Paul Weyrich en 1974. Como su opositor liberal, este PAC es multitemático y pretende la máxima influencia durante las campañas electorales apoyando a los candidatos conservadores y dándoles información. Dos PACs multitemáticos: el National Conservative Political Action Committee (NCPAC) y el liberal Americans for Democratic Action (ADA) son incluidos también en el estudio hecho por The Federal Election Commission del que extraemos las tablas 1 y 2.

Entre las polémicas de los PACs monotemáticos destacan las del aborto y las de tenencia de armas.

El PAC Gun Owners of America (GOA), cuyo director ejecutivo es Bili Saracino, se opone al Handgun Control, fundado en 1979 por un grupo liberal contrario a la tenencia incontrolada de armas. En el tema del aborto son destacables dos PACs, monotemáticos como los anteriores. El Life Amendment Political Action Committee (LAPAC) fue fundado por Paul Brown en 1977. Para Brown, que sigue siendo el director, el tema del aborto, debido a su importancia, debe ser tratado por activistas profesionales que movilicen a gran escala a la opinión pública, insistiendo en el tema en sí y evitando involucrarse en otros asuntos sociales o políticos. La contrapartida liberal ha jugado con NOW (National Organization for Women) las mismas estrategias y argumentos que cualquier movimiento antiabortista en otro país.

Los resultados estadísticos ofrecidos por la tabla 1 pretenden responder a dos posibles correlaciones. En primer lugar, a la que pudiera existir entre la procedencia ideológica de un PAC y las recaudaciones económicas donadas por sus miembros y/o simpatizantes; y, en segundo lugar, entre la variable PAC monotematico-PAC muititemático y su nivel de percepción económica. Salta a la vista una marcadísima tendencia a recaudar más dinero por parte de los PACs conservadores que por los liberales. De otro lado, también es distinguible una propensión mayor a la recaudación por parte de los PACs multitemáticos sobre los monotemáticos. Del período comprendido entre 1977-1978, el PAC liberal NCEC consiguió una recaudación en dólares de 1.051.616, mientras que el conservador ingresó 2.023.133, si bien es notable la evolución ascendente del liberal, que culmina en el año 1981 en la superación de su oponente. Menos equilibrada está la relación entre el liberal ADA y su contrapartida conservadora, que le supera holgadamente.

En los PACs monotemáticos, tanto en el caso del aborto como en el de tenencia de armas, las recaudaciones se inclinan favorablemente sobre los conservadores: Gua Owners of America y el antiabortista LAPAC. Comparando los PACs multitemáticos con los monotemáticos, resulta sorprendente la supremacía de los primeros sobre los segundos cuando se piensa que, a mayor número de temas, mayores son las posibilidades de desacuerdo.

TABLA 1. *Donaciones de dólares a PACs 1977-1981*

	1977-1978	*1980*	*Hasta Junio de 1981*
Multitemáticos			
NCEC	1.051.616	1.570.899	*505.457*
CSFC	2.023.133	1.647.567	407.436
ADA	—	49.382	8.170
NCPAC	2.842.865	7.609.973	2.031.779
Monotemáticos			
Handgun Control	—	170.591	3.432
Gua Owners of America	1.452.148	1.416.061	339.206
NOW	117.691	265.518	—
LAPAC	110.896	625.756	111.561
Donaciones total			
PACs liberales	1.169.307	2.056.390	517.059
PACs conservadores	6.429.042	11.296.357	2.889.985

Fuente: Federal Election Commission.

Los PACs, al igual que las organizaciones de la Nueva Derecha Cristiana, utilizan desde la década de los 70 un sistema de computadoras que periódicamente envía propaganda a quienes figuran en sus listas. Este sistema es la forma más efectiva de obtener fondos y en algunos casos la única. Además, cumple otra función importante: informa acerca de los temas de la campaña electoral y de las posiciones progresistas y conservadoras respecto a ellos. También logra la identificación de un grupo de presión latente que aflora en la eventualidad de la campaña. La tabla 2 muestra cómo todos los PACs antes mencionados utilizan en proporciones altísimas este sistema de correo directo.

TABLA 2. *Recaudaciones por correo directo*

	% del total recaudado	Número personas en la lista	Media de respuestas	Media de contribución ($)
NCEC	75	86.000	10	28
CSFC	100	25.000	40	25
ADA	100	20.000	14	24
NCPAC	60	350.000	10	20
Handgun Control	100	450.000	10	18
Gun Owners of America	100	125.000	—	14
NOW	100	140.000	—	—
LAPAC	80	30.000	10	7,5

Los PACs multitemáticos NCEC y CSFC obtienen un porcentaje de recaudaciones por este cauce que varía en un 25 por ciento del total recaudado. El número de personas en la lista favorece al PAC liberal, no así la media de respuestas. La diferencia más ostensible entre los multitemáticos ADA y NCPAC radica en el diferente grado de utilización de este sistema, así como en sus listas (20.000 y 350.000 respectivamente). De los cuatro PACs monotemáticos, sólo LAPAC se nutre también por otros medios. La lista del Handgun Control es la mayor de todos los PACs analizados. Sin embargo, sobresale una apreciable inferioridad en la media por contribución por parte de los PACs monotemáticos en general, con respecto a los multitemáticos, siendo sólo de 7,50 en el casa de LAPAC.

En términos generales, los PACs multitemáticos deciden participar en una campaña local y/o nacional en base a coyunturas altamente aleatorias. Para ello cuentan con una serie de *fieldmen* (hombres de campo) que recomiendan a la dirección de cada PAC los temás concretos que cobran interés y por los que se debe opositar. También pueden ser aleatorias las causas del giro estratégico de un PAC monotemático. El caso más claro de esto último es la política de intensificación propagandística que el PAC monotemático Handgun Control llevó a cabo tras el frustrado intento de asesinato del presidente Ronald Reagan. Fueron 250.000 personas las que enviaron contribuciones al PAC tras su ocasional agresividad propagandística. A diferencia de los PACs multitemáticos, los monotemáticos no presentan un candidato, pues las opciones políticas no están hechas para un tema único. En cambio, lo que hacen es jugar y negociar con los distintos candidatos hasta aliarse con el que va a defender con mayor claridad su tema en concreto.

Dejando el tema de los PACs y volviendo a retomar la problemática de la Nueva Derecha Cristiana, es necesario plantearse otra cuestión: ¿en qué medida y en qué forma se ha producido, en contra de las organizaciones de la Nueva Derecha Cristiana, una reacción visible entre los restantes grupos religiosos y entre los sectores liberales?

La secretaria de sanidad del presidente Carter ironizaba en la universidad de Princeton comparando a Irán con los Estados Unidos: «Estoy empezando a temer un Ayatollah Jomeini en este país. En ese caso, en lugar de llevar barba, tendría un programa de televisión.»

Las comparaciones con sistemas totalitarios —y concretamente con el nazismo— han sido frecuentes entre las críticas liberales. A ello han respondido los aludidos con argumentos que en ocasiones han sido un tanto infantiles, como los que venían a comparar a los proabortistas con los nazis de los campos de concentración. Cabe pensar que la opinión pública (tal vez en parte debido a la influencia de la comunidad judía) está especialmente sensibilizada con cualquier amenaza al pluralismo, y que el nazismo es una referencia demasiado cercana para haber sido olvidada. Cabe también descubrir un subyacente discurso racista e irracional en una figura como la de Falwell cuando propugna una «mayoría moral» y condena a una «minoría inmoral», o un romanticismo nacionalista cuando otea con nostalgia *The good old days*. Cabe también ver en su figura el personaje enérgico, inflexible, autoritario, vociferante y amenazador de los períodos de crisis, pero lo cierto es que las circunstancias históricas hacen que, desde un cierto rigor, la comparación sea traída por los pelos.

Otra crítica importante proviene de la izquierda religiosa, que considera inaceptable la apropiación de la Biblia por la derecha, sobre todo cuando piensan que el Nuevo Testamento y la figura de Jesús reivindican también sus causas: la justicia social o la supremacía en el Reino de los Cielos de los pobres sobre los ricos.

La mayoría de las sectas protestantes se mostraron indignadas por la actitud de los líderes de la Nueva Derecha Cristiana cuando en panfletos o manifestaciones indicaban cuáles eran las posiciones políticas que debían seguir los cristianos. Por ejemplo, el Lutheran Council in the USA, en un panfleto sobre las relaciones entre religión y política, manifestaba:

«Es muy arrogante decir que una posición política es cristiana y que otras son anticristianas, inmorales o pecaminosas. No hay una posición cristiana; lo que hay son cristianos que mantienen posiciones.»[125]

El desacuerdo político es en cierta forma implicado por el cristianismo, en el sentido en que expresa libertad de opciones y confirma la falibilidad de los seres humanos que toman decisiones políticas en el mundo temporal. Peter Berger se-

---

[125] *A statement on Religion and Politics*, Lutheran Council in the USA.

ñala el autoritarismo que conlleva esta lectura exclusivista y unilateral del cristianismo:

«Si uno dice que una posición política particular es la voluntad de Dios y no otra, uno está implícitamente excomulgando a todos aquellos que discrepan. Si uno cree que Dios quiere que se fabriquen los misiles MX, o quiere que se realice cualquier tipo de acción política, no podrá compartir su comunión con aquellos que rechazan su opinión y, por tanto, que se rebelan ante Dios. La fórmula «esto lo dice Dios» siempre implica el correlato: "será anatemizado el que lo niegue".»[126]

Tanto la revista *Christian Century* como *Christianity Today* se mostraron, en diferentes editoriales, contrarias a la idea de que las posiciones progresistas y cristianas son incompatibles. Para Charles Bergstrom, perteneciente a Lutheran Church in America, «lo que es teológicamente inaceptable es adaptar la palabra de Dios a las ideas políticas de uno». Con respecto al uso de la Biblia (y de la voluntad de Dios) con fines políticos, el editorial de *Christianity Today* apuntaba:

«La Biblia no siempre es clara en cómo deben ser aplicados y entendidos sus principios. Estas interpretaciones no siempre están divinamente dadas en la palabra de Dios. Nuestros esfuerzos para aplicar la Biblia a los problemas políticos, sociales y económicos son muy limitados ya que se trata de la aplicación de un texto infalible por seres humanos muy falibles. Nosotros debemos reconocer, por lo tanto, que cristianos sinceros y conscientes puedan aplicar estos principios en formas diferentes y hasta contradictorias. Reconociendo la diversidad en el cuerpo de Cristo, los cristianos

---

[126] Peter Berger, *Class Struggle, p.* 197.

deben permitir estas diferencias en la aplicación de la verdad de Dios.»[127]

Para Carl Henry y Paul Moore, los dos obispos episcopalistas de la diócesis de Nueva York, esta apropiación indebida de la Biblia puede deberse a la falta de tradición o conciencia histórica que caracteriza a los grupos de la Nueva Derecha Cristiana. Para Henry, «los evangelistas de la derecha carecen de perspectiva histórica, de profundidad teológica y de racionalidad filosófica.»[128]

Esa carencia de tradición abre las puertas a una relación entre las audiencias y los «televangelistas» creando progresivamente, y en competencia con otros, la figura carismática que exagera concepciones pesimistas del presente en pro de un optimismo teleológico, unilineal y de salvación nacional que se ampara en la voluntad de Dios. Como dice un panfleto de la United Methodist Church:

«La Nueva Derecha Cristiana ha cometido el mismo error que cometieron los evangelistas al principio del siglo. Ellos exageran los pecados de sus oponentes y niegan cualquier pecado original suyo. Sin duda son víctimas de lo que Reinhold Niebuhr llamó *easy conscience* o de lo que el Nuevo Testamento describe como la autocertidumbre de los fariseos.»[129]

Las consecuencias que se derivan de esta sobreestimación nacional, de autoconfianza mesiánica y de sacralización de elementos simbólicos pertenecientes a lo temporal, han conducido a muchos a ver en la Nueva Derecha Cristiana un

---

[127] Editorial, *Christianity Today*, 19 de septiembre de 1980.

[128] Carl Henry, *Interview With*, p. 23.

[129] United Methodist Church, «What is Right and Wrong with the New Religious Right: A Critical Analysis», *Engage Social Action Forum* 67, enero de 1981.

ejemplo claro de «religión civil». En palabras del profesor Paul D. Simmons:

«América no es una nación cristiana, sino una nación donde muchos cristianos viven. No es tampoco una nación divinamente privilegiada,[130] sino una nación con responsabilidades importantes. La religión civil es idolátrica precisamente porque sustituye las lealtades temporales por las verdades eternas. Identificar la postura judeo-cristiana con el nacionalismo americano significa perder la naturaleza trascendente y absoluta de la fe cristiana. Para los cristianos y judíos religiosos, la lealtad a Dios debe estar trascendiendo siempre cualquier lealtad terrenal.»[131]

Por sorprendente que pueda parecer, esta sacralización simbólica y esta identificación de la nación americana con la cristiandad subyace en muchos discursos del presidente Reagan. Consecuentemente, los enemigos de América pasan a ser los enemigos de Dios. Esta manipulación de Dios con fines políticos convierte, para muchos, algunas de las acciones internacionales llevadas a cabo por los Estados Unidos en verdaderas «cruzadas cristianas».

Martin Marty argumenta irónicamente que la constante referencia al texto bíblico de los líderes de la Nueva Derecha Cristiana debería tener más en cuenta los temas fundamentales que este contiene:

«Los literatos especialistas en la Biblia deben confrontar los textos. Textos que dicen mucho más sobre temas como la justicia entre las clases sociales o el problema de la miseria

---

[130] Tal vez se refiere a la repetida insistencia de Falwell a poner a su nación en un nivel superior ante Dios.

[131] Paul D. Simmons, Fundamentalism: Courting Civil Religion, reporte del Capital Baptist *Joint* Comniittee on Public Affairs, junio de 1981.

que sobre el tema de la pornografía y el de la homosexualidad. Uno les debe decir a ellos: ¡leamos a los profetas literalmente como vosotros queréis! El término "escrito está" podría tener mucha importancia al respecto.»[132]

Las reacciones que se han producido con respecto a la Nueva Derecha Cristiana entre la comunidad judía han sido muy variadas. Los judíos, que siempre se han mostrado interesados en temas sociales y políticos, han cambiado su apoyo frecuentemente entre el partido Demócrata y el Republicano. En general, poco tienen en común con la Nueva Derecha Cristiana, son defensores acérrimos del pluralismo y estarían muy en contra de cualquier evento que pudiera perturbar esta filosofía. Sin embargo, los judíos ortodoxos comparten con la Nueva Derecha Cristiana gran parte de lo referente al aborto, a la pornografía y a la ayuda a la educación privada.

Hay algo que complica mucho las relaciones entre la comunidad judía y la Nueva Derecha Cristiana para que éstas sean coherentes: se trata de la marcada y explícita defensa que los evangelistas conservadores hacen del Estado de Israel. Falwell sugiere —en algunas frases que entresacamos de su capítulo *That Miracle Called Israel*— una defensa teológica que no parece tener en cuenta algunas incompatibilidades fundamentales (tal vez no fundamentalistas) entre el dios cristiano y el judío:

«Israel es un bastión para la democracia en una parte del mundo que es políticamente inestable y que se caracteriza por estar cercana a la locura. A pesar de ello, Dios es fiel con Israel y la mantiene como nación libre... El que los judíos hayan subsistido cómo pueblo es un milagro de Dios... El úl-

---

[132] Martin E. Marty, *The Public Church,* Nueva York, Crossroads Books, Seabury Press, 1981, p. 143. 138

timo libro de la Biblia, el Libro de las Revelaciones, contiene profecías sobre el futuro. Israel ocupa un papel importante en esas profecías. Esa pequeña nación será de nuevo atacada por sus enemigos ayudados por los grandes ejércitos rusos y sus aliados árabes. Pero el profeta Ezequiel profetizó que Rusia será vencida e Israel será ayudada por la mano de Dios. Si los rusos leyeran lo que Dios les tiene reservado, se encontrarían cayendo sobre sus rodillas y pedirían al Dios de Israel que les perdonase... América debe continuar ayudando a Israel... los judíos están ciegos espiritualmente y necesitan desesperadamente su Mesías.[133] A pesar de ello, son el pueblo de Dios, y en el mundo de hoy los cristianos americanos son los mayores amigos que la nación de Israel puede tener. Debemos recordar esto.»[134]

Para la mayoría de los sectores judíos, los planteamientos de la Nueva Derecha Cristiana no se deben considerar antisemíticos en la forma que pueden ser antisemíticos el Ku Klux Klan o el nazismo. Sin embargo, sí pueden desprenderse, indirectamente, consecuencias antisemíticas. Alexander Schindler, presidente de Union of American Hebrew Congregations, descubre esta ambivalencia en las palabras del reverendo y de sus colaboradores:

«Yo no digo que Jerry Falwell y su grupo estén deliberadamente fomentando sentimientos antisemíticos y violentos. Pero lo que sí digo es que sus argumentos tienen ese efecto, inevitablemente. Cuando esos ministros dicen que sólo una parte tiene la aprobación política de Dios, aparece la intole-

---

[133] Falwell escribe «su Mesías» con mayúsculas, lo que sólo se podría justificar si hubiera escrito «El Mesías». Este respeto hacia su mesías contrasta mucho con la ceguera espiritual que les endosa en el principio de la frase.

[134] Falwell, *Listen America,* pp. 93-98.

rancia. Cuando la Moral Majority pide una lista de derechos cristianos y un conocido reverendo dice que "Dios no escucha los rezos de los judíos", nadie se debe sorprender cuando se incendian sinagogas y cuando familias enteras judías se aterrorizan en sus casas.»[135]

El apoyo a Israel por parte de hombres como Falwell se debe, para Schindler, más que a la influencia de los judíos americanos en el partido Republicano o las posiciones estratégicas que éste propugna en Oriente Medio, a intereses teológicos:

«Las razones más profundas del apoyo concedido por los evangelistas de la derecha a Israel son de autoservicio teológico. En su lectura de la Escritura, Jesús no puede realizar su segunda venida hasta que los judíos tengan la totalidad de sus tierras bíblicas y sean convertidos al cristianismo. Sólo los verdaderos creyentes podrán entrar en la puerta del Cielo. Los judíos devotos, si se niegan a aceptar a Jesús, no serán aceptados. Ellos serán apartados hacia el monte Zion una vez que la nueva Israel sustituya a la vieja. Esa es su visión apocalíptica en su totalidad: ellos buscan nuestra destrucción como pueblo particular. ¿Por qué entonces, en nombre del Cielo, debemos reconocerles? ¿Es que hemos perdido toda nuestra propia identidad? Nosotros podemos reunirnos con ellos, hablar con ellos o negociar con ellos. Pero seguro que no debemos aplaudirles porque, si lo hacemos, será una locura suicida.»[135]

La visión de otros líderes de la comunidad judía valora sin tantas suspicacias el interés de los líderes de la Nueva Derecha Cristiana. Por ejemplo, Marc Tanenbaum, director

---

[134] A. Schindler, *Newsweek,* febrero de 1981.

[135] *Ibid.*

del American Jewish Committee, se mostró optimista con la posición de Falwell, llegando incluso a escribir una declaración conjunta en la que se perfilaba un cierto sentido del humor al preguntarse que, a lo mejor, el esperar al Mesías es suficiente para salvarse, lo que eliminaría las diferencias entre judíos y cristianos, pues los primeros esperan la venida del Mesías por primera vez y los segundos (valga la redundancia) por segunda.

Las reacciones entre los grupos liberales y progresistas a la Nueva Derecha Cristiana han sido muy variables. Algunos no se han tomado en serio el contraargumentar racionalmente un discurso tan irracional. Otros, viendo la influencia política que esa irracionalidad conlleva, han optado por una estratégica reacción que resalta lo impresentable de ese maniqueísmo sin caer en él. Entre tales grupos se pueden mencionar el American Civil Liberties Union (ACLU), el National Organization for Women (NOW), el National Abortion Rights Acction League (NARAL), el National Education Association (NEA) y el National Council of Churches (NCC).

En líneas generales, se puede decir que todos estos grupos y la inmensa mayoría de los sectores intelectuales descalifican esta movilización religioso-conservadora por su absolutismo moral «sin posible respuesta, que niega la sociedad pluralista americana y que se pronuncia favorable a una moral unilineal de valores cristianos», como dice John Jenkins: «Ese absolutismo está basado en lo que se llama parroquianismo de vía estrecha y dogmática, cuyo sistema intelectual está completamente cerrado y no admite ni el cambio ni el error.[136]

---

[136] John Jenkins, «Toward the anti-humanistic new Christian nation», *The Humanist,* julio-agosto de 1981.

Para el senador George McGovern, esa triple simbología compuesta por Dios, la idea de la madre y la bandera ha imposibilitado, por irracional, un serio diálogo público:

«La cerrada identificación que la Nueva Derecha Cristiana hace con los elementos clásicos de apoyo político: el grupo religioso, la familia y el patriotismo (Dios, la madre y la bandera) ha imposibilitado la creación de un diálogo público y una discusión política sobre algunos temas importantes de nuestro tiempo. Por el contrario, la Nueva Derecha Cristiana ha organizado su programa, claramente marcado por el ataque inmediato a todo aquel que se les opone.»[137]

En otros sectores liberales se especulaba con la pregunta: ¿qué tipo de sociedad construiría la Nueva Derecha Cristiana si tuviera el poder? La respuesta sincera de muchos intelectuales liberales y progresistas a tal pregunta es que una sociedad transformada a lo largo de los años por su ideología implantaría una ortodoxia religioso-política vertical, llevaría hasta el límite los viejos canguelos de Marcuse en su *Hombre unidimensional,* imposibilitando cualquier tipo de «negatividad». Sería también una sociedad cuyos líderes sufrirían una paranoia crónica que terminaría en un totalitarismo fanático, extremista, militante y patriótico, que impondría el sexismo, el racismo, el clasismo, el prejuicio y la política de intimidación.

Es lógico, con todo esto, que tales sectores hayan comparado frecuentemente a Jerry Falwell con Adolf Hitler y con el Ayatollah Jomeini. Para tales sectores, la situación creada por estos nuevos grupos conservadores no se diferencia mucho del «miedo rojo» de la época de McCarthy. Como dice W.

---

[137] George McGovern, *Interviews,* SNEA Impact, febrero de 1981.

Harnack, «lo que ha sustituido al comunismo de los cincuenta en la era presente es el llamado "humanismo secular".»[138]

La diferencia es que cualquier sector progresista puede entender, teniendo en cuenta la situación bipolar entre Rusia y
los Estados Unidos, un Estado paranoico y de amenaza con
respecto al comunismo, mientras que sólo se puede presentar
como irracional un Estado similar con respecto al llamado
«humanismo secular».

Entre las reacciones liberales hay que señalar, por último,
algunos sectores que han caído en una respuesta extremista
que se constituye como polo opuesto a la Nueva Derecha
Cristiana y que peca del mismo tipo de exclusivismo: todo lo
que no es como ellos dicen o piensan va contra la libertad y
la democracia.

Por tanto, a pesar de algunas excepciones, los sectores liberales, las minorías progresistas y los marginados, que son
en definitiva los grupos que la Nueva Derecha Cristiana ataca,
no entienden esa paranoia sistemática que clama al autoritarismo (quien sabe si a la violencia) y que sólo seria comprensible bajo el estado del terror.

Tampoco entienden cómo, al considerarles una amenaza
para la nación, se les mete en la misma cesta que a comunistas, lesbianas, homosexuales, intelectuales seculares y feministas. Esa unicidad tan clara para los conservadores religiosos,
que orquesta un inminente plan de destrucción de la nación y
que en última instancia vislumbra las cabezas rojas del diablo
y del comunismo, es posiblemente el mayor peligro que ven

---

[138] W. Harnack, Editorial, *The Humanist,* marzo-abril de 1981.

los sectores liberales, ya que piensan que precisamente esas minorías constituyen, en gran medida, la odisea americana, el pluralismo social y la libertad de una «mayoría democrática».

Algunos intelectuales han relacionado el fenómeno del liderazgo religioso conservador americano con el narcisismo. La sociedad americana, imbuida como ninguna otra en la ansiedad del consumo, tiene la necesidad de generar héroes. Para el neoconservador Daniel Bell, ese culto al «yo» se produce en el ámbito de la cultura, lo que se contrapone al de la economía en el que hay que maximizar la eficacia y en el que el culto al «yo» no tiene ningún sentido.[139] Christopher Lasch, en su libro *The Culture of Narcissism*, señala cómo la sociedad americana tiene una tendencia especial a crearse héroes para luego vivir de ellos. Ese afán de heroicidad hacia una causa importante es claramente el caso, por ejemplo, del mensaje educacional del Liberty Baptist College, en donde se dice a los alumnos: «Vosotros podéis hacer grandes cosas para Dios. Vosotros debéis salvar América.»

---

[139] Daniel Bau., *The Cultural Contradictions of Capitalism*, Nueva York, Basic Books, 1976, *pp.* 10-14.

EL PENSAMIENTO POLÍTICO-RELIGIOSO DE REINHOLD NIEBUHR

Queremos reiterar —como ya apuntábamos en la introducción— que hablar de Niebuhr no es una mera digresión, pues su obra le convierte en un aglutinador de toda la tradición anglo-luterana expuesta en los anteriores capítulos. Niebuhr va a ser el primero en exponer en toda su magnitud los papeles históricos a desempeñar en el plano internacional por ese gigante con pies de barro que llamamos Estados Unidos. Frente al hecho de que los EE UU se hayan convertido en apenas 200 años en el país más poderoso del mundo, señala desde una autocrítica a veces corrosiva las contradicciones que eso entraña en el plano internacional, económico y moral. Niebuhr es tal vez el mejor cronista de esta historia esquizoide de orfandad cultural y de prepotencia internacional, que desde el inexcusable protagonismo del poder busca su identidad y justificación.

Lo primero que descubrimos al abordar el pensamiento político-religioso de Reinhold Niebuhr (1892-1971) es lo imposible que resulta separar su dimensión política de la religiosa, así como ésta de aquélla. Siempre implícita en el discurso niebuhriano, tal presuposición está unida, como hemos visto, a toda una tradición americana que concibe los tropos fundacionales de la nación ligados a una peculiar idea de la civilización cristiana.

A través de una prolongada obra que comprende numerosos libros y artículos, Niebuhr ha intentado realizar diferentes interpretaciones de las corrientes más importantes de nuestra época moderna, haciendo especial hincapié en las implicaciones éticas que ofrecen el liberalismo, el marxismo y el pragmatismo. Él verá cualquiera de estas tres tendencias —que constituyen los tres períodos distinguibles de su pensamiento— desde una perspectiva que presupone la ética y, en ocasiones, la teología cristiana.

La concepción niebuhriana del liberalismo sitúa al hombre en una posición preponderante frente al universo. Antropocentrismo medieval que se conjuga con un optimismo vitalista capaz de proyectarse romántica e ilimitadamente en la dimensión ética y en sus formas esenciales del amor, la justicia y la fraternidad.

Todo este andamiaje liberal se va a venir abajo en un proceso paralelo al de autores como Unamuno (por el que Niebuhr sentía respeto y admiración) con la llegada de la Primera Guerra Mundial y con las consecuencias sociales de la depresión económica. A partir de entonces, Niebuhr se siente seducido por la filosofía marxista, llegando a criticar el liberalismo desde la teoría revolucionaria que recorría Europa. Entendió que el marxismo daba una respuesta mucho más aceptable al mundo moderno y a sus problemas económicos, políticos y sociales. Llegando a creer en la socialización de los medios de producción como paso necesario para una sociedad más justa, veía en el concepto de ideología una metamorfoseada reaparición colectiva del pecado que le serviría para distinguir la moralidad individual de la ancestral, telúrica y colectiva.

Su distanciamiento del marxismo fue mucho más gradual que el que llevó a cabo con el liberalismo. A partir de la Segunda Guerra Mundial comienzan a interesarle más las fuerzas que estabilizan la sociedad que aquellas que —amparadas en proyecciones teleologizantes— afirman la necesidad del conflicto. En una versión no menos original del pragmatismo, Niebuhr descubre en san Agustín y en Edmund Burke las claves básicas de su tercer período. En éste, las fuerzas sociales y políticas ya no superan a las éticas, y las lealtades hacia un cierto nivel de estratificación social y una cierta forma de propiedad privada no anulan la libertad ni la justicia.

Esta implicación conjunta de lo ético-religioso y lo político no supone, sin embargo, una preponderancia o justificación apologista de lo primero sobre lo segundo. Lejos de ello, lo que pretende el autor es crear un espacio que sirva para cuestionar, analizar y comentar más que para condenar desde dogmatismos unilaterales.

Los orígenes intelectuales de Niebubr responden a una simbiosis entre sus ancestros germano-luteranos y los valores de la tradición americana. Estudió teología en la Divinity School de la Universidad de Yale, graduándose en 1915 con una tesis titulada: *La contribución del cristianismo en la teoría de la inmortalidad*. Hasta aquí, ni el propio Niebuhr podía imaginar que se iría interesando por el «mundanal ruido» hasta devenir uno de los autores más brillantes que han escrito sobre política en los Estados Unidos.

Durante la época que ejerció de pastor protestante en Detroit (1915-1928), conoció la problemática de la clase obrera, que comenzaba a ser, dentro del marco de la fábrica de Henry Ford, una de las más conflictivas.

La relación entre Niebuhr y el liberalismo es probablemente la más interesante y compleja de su carrera. Es una relación pasional de amor y odio en la que se combinan críticas feroces con muestras de entusiasmada fidelidad. A pesar de ser conocido como uno de los mayores detractores del liberalismo, Niebuhr empezó y terminó su carrera considerándose un liberal.

Sus críticas contra el liberalismo se ampararán en lo moral, aunque las matizaciones de tipo económico vendrán respaldadas por las teorías marxistas o por la heterodoxa interpretación que hace de éstas. Como hemos visto en el capítulo del fundamentalismo, durante las primeras décadas del siglo se produjeron una serie de cambios culturales que dejaron atrás unas caducas formas de vida. El liberalismo y el modernismo fueron eclipsando las concepciones teológicas del protestantismo ortodoxo. En términos generales, la teología liberal propugnaba la continuidad histórica frente a la discontinuidad escatológica de los fundamentalistas, elevaba la razón humana en menoscabo de la revelada, sugería una preponderancia de la experiencia y de la ética sobre las verdades eternas, subrayaba la humanidad de Jesús, se inclinaba hacia la tolerancia religiosa por encima de las escrituras, etc. Para muchos religiosos americanos, la dirección filosófica de todo esto arrancaba simbólicamente de la Declaración de la Independencia, albergando ésta las semillas del liberalismo entendido como sublevación contra la autoridad europea. Así, el liberalismo americano quiere estar en la tradición de todos aquellos que lucharon por el derrocamiento del absolutismo y encontrarse con figuras tan variadas como las de John Locke, Tocqueville, Voltaire, Montesquieu y Rousseau, lo que confiere al término tanta ambigüedad como riqueza.

Como en el caso de Max Weber, Niebuhr introduce conceptos que representan de forma especialmente paradigmática un determinado período histórico. «La idea unificadora» o «el principio de significado final» de la época moderna radica, por ejemplo, en el optimismo. El optimismo del liberalismo burgués y de la democracia contrastan con el pesimismo histórico del cristianismo tradicional.

Niebuhr aplaude al liberalismo sus logros en favor de la democracia, la tolerancia y la libertad, y ese sano parricidio contra la autoridad del texto bíblico, criticando, no obstante, la falacia del progreso moral a la que apuntan autores como Hegel, Spencer, Comte y Dewey.

El liberalismo, de esta forma, implica necesariamente la ilusión de un optimismo religioso que no aparece ni en los hechos del mundo de la naturaleza ni en los de la historia:

«El mundo orgánico, el inorgánico o el de los valores humanos son distintos tipos de realidad que revelan o pueden revelar tanto el fracaso de Dios como su confirmación. Las apologías religiosas deberian asumir esto más profundamente de lo que lo han hecho cuando han intentado conciliar sus afirmaciones con las de la ciencia. El liberalismo moderno está impregnado de un optimismo religioso que no es posible encontrar ni en los hechos del mundo de la naturaleza ni en los hechos históricos El valor último de la personalidad humana no debería ser garantizado ni tan obvia ni inmediatamente como el liberalismo parece inclinado a hacer.»[140]

En este sentido, el liberalismo ha sufrido «una especie de ceguera que no le ha permitido ver la constante e inevitable

---

[140] *Does Civilization Need Religion*, Nueva York, The Macmillan Company, 1927.

lucha que existe entre las acciones y las aspiraciones humanas, el carácter conflictivo de la vida y la tortuosidad de la historia».[141]

Antes de la participación de los Estados Unidos en el conflicto europeo, Niebuhr veía las guerras como el resultado del egoísmo entre naciones. Su latente liberalismo político, en combinación con su incipiente nacionalismo sentimental, hicieron que su posición respecto a la guerra se transformara. Empezó a valorar positivamente las argumentaciones políticas de Wilson. Wilson —que había entrado en el conflicto a regañadientes— interpretó éste como la defensa de la democracia y de un nuevo orden que incluía una nueva política de desarme y la instauración de los derechos humanos. A pesar de sus orígenes germano-luteranos, Niebuhr no dudó en criticar la actitud de los germano-americanos que pensaban servir a su nación solamente en las cuestiones de tipo económico: «Parece que los grandes temas políticos, morales y religiosos no interesan lo más mínimo a los miembros de la comunidad germano-americana.»[142]

Niebuhr parece alarmarse en 1920 por la excesiva separación, a la que se ha llegado tras la guerra, entre el cristianismo y la civilización occidental. En su libro *Does Civilization Need Religion?* notamos un intento de salvar una ruptura precoz con la filosofía del liberalismo y una profunda impotencia al contemplar un panorama internacional desolado y desesperanzador. Frente a las corrientes deshumanizantes, Niebuhr ve en la religión la última fuerza capaz de proporcionar al mundo el impulso ético necesario para reconstruir el vitalismo y la co-

---

[141] *The Blindess of Liberalism*, Radical Religion, 1936.

[142] «Failure of German-Americanism», *Atlantic Monthly*, junio de 1916.

hesión social. Idea de la colectividad que Niebuhr nunca opone a la «persona» individual, al considerar la religión como único recurso humano en un mundo progresivamente hostil. Será su condición de último recurso humanizante la que haga inconcebible su desaparición.

Niebuhr responde a Spengler que la religión es el medio que puede evitar la decadencia de Occidente. La religión no tiene unas presuposiciones trascendentalistas en el pensamiento niebuhriano. Por eso, su recuperación puede servir en «este mundo» sin necesidad de proyecciones ulteriores.

Esta concepción socializante de la religión, sitúa a Niebuhr en la tradición del *Social Gospel* subrayando la acción sobre la ilusión. El problema entre lo ideal y lo real —que supone una de las tensiones más importantes de su obra— se reduce finalmente a una cuestión ética tanto en la metafísica como en la teoría política del autor.

En el período que va de 1915 a 1928, Niebuhr pasa de ser «un optimista que intenta no caer en sentimentalismos» a un realista «que intenta evitar el cinismo».[143] Su principal preocupación en estos primeros años gira en torno a la substancial metamorfosis ética que se produce cuando los hombres se agregan formando comunidades de las que derivan ideologías, nacionalismos, etc. El individuo, como señala en su artículo «El crimen de la nación contra el individuo»,[144] mostraba el conflicto existente entre las aspiraciones anónimas de la nación y las del hombre como persona. De otro lado, la voluntad del individuo se diluye en los símbolos del nacionalismo (religión secularizada capaz de producir sepulturas en masa)

---

[143] «What the War did to my Mind», *The Christian Century*, junio de 1928.

[144] «The Nation's Crime Against the Individual», *Attantic Monthly*, noviembre de 1916.

que Niebuhr señala como uno de los principales problemas del mundo moderno.

El intento fallido de Wilson en su pretensión de justificar el liberalismo y el nacionalismo le llevó a poner de relieve el egoísmo y la irracionalidad de los conflictos interestatales:

«El esfuerzo del liberalismo por preservar la paz entre las naciones en pugna, incitando a la lucha por los intereses de cada uno, estaba destinado al fracaso. Sólo servía para agravar el miedo y el odio que grupos y naciones experimentaban entre sí. Estalló la Primera Guerra Mundial y redujo toda esa filosofía a ilimitados intereses y fuerzas descontroladas.»[145]

La bipolarización de los conflictos a nivel mundial hace temer a Niebuhr la posibilidad de un gobierno planetario:

«Parece imaginable en el mundo moderno la consolidación de gobiernos continentales o incluso de un gobierno mundial. Sin embargo, este tipo de experiencias son imposibles sin la racionalización total del planeta y la consecuente desaparición de la persona.»[146]

Además, un gobierno supone la existencia de una sociedad que comparta una serie de identidades. Es evidente que en la esfera mundial no existen tales sustratos culturales: «unas cortes mundiales terminarían polarizando más las tensiones al intentar cada grupo conspirar por el poder».

En 1928, Niebuhr escribe «The Confesion of a Tired Radical», que supone su eventual ruptura con el liberalismo:

«Ésta es la confesión de un radical cansado. Espero que mi cansancio cese. El tiempo tal vez me dé fuerzas y me salve de

---

145 «Can Christianity Survive?», *Atlantic Monthly*, enero de 1925.

146 *Does Civilization Need Religion, p.* 156.

una senilidad precoz. Pero de momento estoy harto. Harto de los liberales, con sus creencias, idiosincrasias y actitudes.»[147]

A partir de ahora, la crítica que Niebuhr esgrimirá en contra del liberalismo se asienta en la teoría marxista. Su desencanto frente al liberalismo y su consecuente asunción del marxismo se debe entender, sin embargo, como algo que ya venía anunciando desde los años en que toma conciencia de la problemática laboral en Detroit. Incluso académicamente, el socialismo estaba próximo a Niebuhr desde el principio, al haber sido influído por el profesor Douglas Clyde Macintosh[148] en la Universidad de Yale.

Sin embargo, Niebuhr no se autodefine como socialista hasta la depresión americana. Desde entonces alberga la esperanza de que el socialismo gane el poder por la vía democrática superando a los dos grandes partidos existentes. A finales del año 1929 propugna «un socialismo razonable que se separe de los comunistas y que incluya una gradualizada nacionalización de la mayoría de los sectores económicos, la limitación de la propiedad privada y un progresivo aumento de los impuestos. A pesar de todo, el socialismo de Niebuhr no puede considerarse revolucionario en el sentido fuerte de la expresión, pues rechaza la violencia y desconfía implícitamente de los valores éticos que podría acarrear el nuevo orden.

Respecto al tema de la violencia, son evidentes las influencias de las corrientes del Social Gospel. También, aunque no de forma tan profunda, es destacable la repercusión que ejercen en Niebuhr los socialistas cristiano-británicos. El socialismo cristiano-británico estaba más cerca de los socialistas

---

[147] «The Confession of a Tired Radical», *The Christian Century*, agosto de 1928.

[148] Douglas Clyde Macintosh, *Social Religion*, Nueva York, 1939.

utópicos como Saint-Simon y Fourier que del propio Marx. Niebuhr se sentía cómodo con los socialistas cristiano-británicos porque tenían una larga tradición de progresismo reformista y porque él siempre vio en el socialismo una derivación del cristianismo.

Para Neibuhr, la fundamentación económica que el marxismo utiliza para imponerse a los privilegios distingue este socialismo de todos los demás. Con todo, la contribución marxista es fundamentalmente una contribución ética:

«Han existido otros sueños de justicia e igualdad. Sin embargo, el rasgo distintivo del sueño marxista es que considera la destrucción del poder un requisito para su obtención. Hemos visto de qué forma irremediable los privilegios van unidos al poder y cómo la propiedad de los medios de producción es la fuerza más significativa de la sociedad moderna. El reconocimiento de este hecho es la contribución ética que el pensamiento marxista ha aportado al problema de la vida social.»[149]

La seguridad que mostraba el marxismo al autoafirmarse como científico, y sus conclusiones en cuanto a la absoluta inevitabilidad de sus predicciones, confirmaban a Niebuhr que tenía mucho más de religión que de ciencia. Niebuhr no entendía cómo Marx había podido confundir el método empírico y científico con la teoría del materialismo. El gran error de Marx consistía en haber confundido el lenguaje descriptivo con el predictivo.[150]

---

[149] *Moral Man and Inmoral Society*, Nueva York, Scribner's Sons, 1932, *p.* 163.

[150] «The Religion of Comunism», *Atlantic Monthly*, abril de 1931.

Una de las insuficiencias que Niebuhr constata en el marxismo es la carencia de un contenido moral *per se*. El concepto de igualdad y de lealtad al partido supera cualquier otro tipo de valoración. En el cristianismo, por el contrario, la ética del amor se eleva como un valor independiente.

Tanto la energía teleológica como la idea de la inevitabilidad hacen del marxismo una religión más. Una sociedad marxista tendría necesariamente una iglesia marxista: «Creó un dogma y una iglesia para definir y defender su creencia. *El Capital* es su Biblia y los escritos de Lenin han adquirido un significado dogmático comparable al del pensamiento de santo Tomás de Aquino en la Iglesia medieval.»[151]

Para Niebuhr, la idea de la dialéctica requería un tipo de fe comparable a cualquier otra religión. Implicaba una concepción trascendente de la historia a pesar de que la obsesión de Marx fuera precisamente el intentar demostrar lo contrario.

En 1940, la situación del socialismo en Rusia y en Alemania, y el naufragio del Partido Socialista Americano, llevan a Niebuhr a una de las decepciones más importantes de su carrera. La participación de los Estados Unidos en la Segunda Guerra Mundial le reveló las dificultades que ofrecía el mantener una política exterior no pragmática. Es entonces cuando comienza a desinteresarle el marxismo y apoya los planteamientos del presidente Roosevelt. Esta particular reconciliación con el liberalismo (pragmático) coincide con su progresivo interés por los temas propiamente teológicos que encuentra particularmente en san Agustín y Edmund Burke.

---

[151] *Ibid., p. 47.*

A este tercer período de la obra del autor pertenece uno de sus libros más sobresalientes: *The Irony of the American History*.[152] El concepto de historia reviste en Niebuhr una concepción que hace recaer el peso significativo, más que en los sucesos por sí mismos, en la interpretación simbólica que representan. Como Nietzsche, Niebuhr busca la etimología simbólica y ancestral de algunos términos. Al comentar, por ejemplo, el término «justicia», se remonta hasta su significado hebreo y griego analizando las diferentes acepciones que ha tenido a lo largo de la historia de la cultura occidental.

El concepto de la ironía es el punto de mira que Niebuhr utiliza para abordar muchos problemas históricos. La ironía, según la definición que hace Niebuhr en *The Irony of the American History*, consiste en las incongruencias aparentemente fortuitas que, al ser estudiadas con más detalle, descubrimos que no eran tan casuales.[153] Una situación irónica tiende a disolverse cuando los actores se dan cuenta de que están representando un papel predeterminadamente ritualizado. En la escena nacional, fueron las vanidades y los paternalismos morales y políticos los que hicieron a Niebuhr escribir sobre la gran ironía americana. Haciendo uso de la ironía, pretende liberar a su país de las culpabilidades a las que ha llegado siguiendo una política exterior cargada de prepotentes utopías mundiales. Otra situación irónica la provoca la risa de nuestro Hacedor:

«La fe cristiana intenta hacer normativa la visión irónica del mal humano en la historia. Su concepción de la redención del mal le lleva algo más allá de los límites de la propia ironía,

---

152 *The Irony of the American History*, Nueva York, Scribner's Sons, 1952.
153 *Ibid., p.* 155.

pero su interpretación de la naturaleza del mal en la historia humana es de carácter irónico al creer que todo el drama de la historia humana se lleva a cabo bajo el escrutinio de un juez divino que se ríe de las pretensiones humanas sin llegar a ser hostil respecto a sus aspiraciones.»[154]

---

154 *Ibid.*, p. 156.